La vie et l'œuvre énigmatiques d'Agatha Christie

GEW Sciences Humaines

Global East-West

Copyright © 2025 par GEW Sciences humaines

"Que savez-vous à ce sujet ?" Une collection Global East-West.

Édité par Hichem Karoui.

Cet ouvrage du même editeur est paru en anglais sous le titre: "The Enigmatic Life And Work Of Agatha Christie."

Tous droits réservés. Aucune partie de ce livre ne peut être reproduite de quelque manière que ce soit sans autorisation écrite, à l'exception de brèves citations incorporées dans des articles critiques et des comptes rendus.

Première impression, 2025.

Table

1. Introduction au Dominion littéraire d'Agatha Christie … 1

2. Années de formation … 19
   Torquay au premier conte

3. La naissance d'un genre … 37
   Premiers travaux et percées

4. Démêler l'écheveau … 55
   La tromperie et la psychologie humaine dans son travail

5. Poirot, Marple et les personnages emblématiques … 77
   Construire des légendes

6. L'influence de la guerre 97
Soins infirmiers, pharmacie et tragédie

7. Inspirations exotiques 117
Voyages avec Max Mallowan

8. De la page à l'écran 135
Adapter Agatha pour un nouveau public

9. L'acte de disparition 159
Le mystère de la vie de Christie

10. Un impact durable 177
L'héritage de la reine du crime

Sélection bibliographique 195

1
Introduction au Dominion littéraire d'Agatha Christie

Introduction à la domination littéraire d'Agatha Christie

L'influence d'Agatha Christie sur le monde du roman policier est inégalée, puisqu'elle en a posé les principes fondamentaux. Aujourd'hui encore, son sens de l'innovation et sa maîtrise des intrigues les plus complexes continuent de captiver les lecteurs, témoignant de l'attrait intemporel de son œuvre. Grâce à une narration évocatrice et imaginative, Christie a été la première à intégrer des mystères et des intrigues profondes dans la fiction, offrant aux lecteurs une stimulation mentale stimulante et leur permettant de profiter des énigmes qu'elle a créées. La compréhension indéniable de la nature humaine et la volonté tenace de réalisme de Christie donnent à ses histoires la résonance nécessaire pour toucher des publics d'âges et d'époques différents. La maîtrise dont Christie fait preuve pour tisser des commentaires sociétaux sophistiqués et son observation aiguë des énigmes élaborées renforce encore sa position d'icône littéraire. Il est clair que l'œuvre de Christie a traversé le temps, s'imposant comme une référence distincte tant pour les auteurs chevronnés que pour les néophytes, et que ses œuvres, d'une grande diversité culturelle, ont exercé une influence mondiale inégalée. L'exploration de l'univers fictionnel d'Agatha Christie révèle à quel point son influence va au-delà de la simple fiction policière.

L'œuvre d'Agatha Christie dépasse les frontières du roman policier et apporte des contributions significatives aux domaines de la psychologie, de la sociologie et de la narration. Ses récits complexes permettent de comprendre en profondeur le comportement humain, la moralité et la quête éternelle de la vérité. En se plongeant dans ses thèmes, les lecteurs ne trouvent pas seulement un soulagement face à la banalité, mais acquièrent également des connaissances qui les amènent à réfléchir en profondeur sur l'humanité. Dans les chapitres suivants, nous allons entreprendre un voyage fascinant dans l'univers d'Agatha Christie, en explorant les nuances complexes de son art et le chef-d'œuvre durable qui continue d'inspirer les amateurs de littérature raffinée.

L'énigme de sa narration unique

Les récits d'Agatha Christie captivent les lecteurs depuis des générations, et sa capacité à tisser des intrigues complexes avec des indices subtils et des dénouements à couper le souffle reste inégalée dans le monde de la littérature policière. La combinaison de l'intellect et de l'intuition, ainsi que la planification méticuleuse d'une histoire organique, maintient les lecteurs captivés jusqu'à la toute dernière révélation. Les récits de Christie ne se limitent pas à la résolution d'un crime ; ils invitent également les lecteurs à plonger dans la psyché humaine, à réfléchir aux nuances sociétales et à s'émerveiller de la création d'intrigues complexes. Les énigmes qu'elle a construites ne manqueront pas d'attiser la curiosité de son public. Ses récits sont basés sur sa compréhension unique de la nature humaine, créant des personnages et des situations qui résonnent en nous profondément. En orchestrant magistralement la montée et la descente du suspense dans le roman, elle crée une tension qui captive son public jusqu'à la dernière page. Les textes prennent vie sous le charme narratif particulier de Christie, où le banal côtoie l'extraordinaire, où les processus de la vie se transforment en art et où le monde se transforme en émerveillement.

Les histoires de Christie, avec leurs décors captivants, leurs secrets intrigants et leurs personnages multidimensionnels, peuvent être qualifiées à juste titre de chefs-d'œuvre complexes. Dans chaque histoire, elle prend ses lecteurs au piège d'une toile mystérieuse dont ils attendent impatiemment la résolution. Sa prose, d'une élégance et d'une sophistication à couper le souffle, crée une atmosphère envoûtante qui immerge le public et l'incite à découvrir les secrets marqués dans ses pages mystiques. L'impact de Christie sur la littérature contemporaine est évident dans les œuvres d'auteurs qui s'efforcent de mêler émotion et rigueur intellectuelle, en s'inspirant de la remarquable narration de Christie. Son talent constant pour captiver les lecteurs par le biais d'un mystère riche et voilé lui confère une importance littéraire intemporelle. Les énigmes littéraires qu'elle n'a pas encore résolues lui ont valu d'être reconnue comme une conteuse hors pair, qui a façonné l'imagination d'innombrables lecteurs.

L'artisanat : L'art du suspense et de la surprise

Le savoir-faire de Christie se manifeste dans l'habileté avec laquelle elle construit le suspense, l'intrigue et le tissage de récits indirects intrigants et de rebondissements inattendus. Des éléments particuliers dans ses histoires contribuent à sa maîtrise du suspense. La tension et l'anticipation se développent grâce à la signification cachée de chaque geste et à la précision de chaque indice, ce qui contribue grandement à l'ensemble de l'œuvre. Au fur et à mesure que l'histoire progresse grâce à la révélation soigneusement ordonnée, pièce par pièce, d'informations cruciales, les lecteurs sont laissés sur le qui-vive, attendant de découvrir la solution des énigmes complexes de Christie. Les fausses pistes et les faux-fuyants utilisés témoignent également de l'habileté de Christie. La sensation écrasante de désarroi se mêle habilement à la clarté étincelante du point culminant de l'histoire. L'enchevêtrement de multiples intrigues secondaires renforce son talent de conteuse et garantit un voyage de lecture sans pareil. En outre, les personnages riches et profondément nuancés, créés grâce à la connaissance que Christie a de la nature humaine, permettent sans aucun doute la survenue d'un drame profond.

Christie renforce encore la tension en intégrant la vie, les motivations et les secrets de ses personnages dans les mystères centraux, transformant la solution en une compréhension profonde plutôt qu'en une simple conclusion logique. Cela ajoute une couche de complexité qui révèle les profondeurs des constructions sociologiques. Le monde de la littérature a judicieusement profité des récits ingénieux de Christie, car elle a toujours été, et reste, une porte-drapeau de la fiction qui a inspiré d'innombrables écrivains et continue d'étonner les gens dans le monde entier. Ses récits ont non seulement diverti, mais aussi inspiré et enrichi le paysage littéraire, laissant les lecteurs et les écrivains dans l'admiration de son talent et de sa créativité.

La caractérisation : Insuffler la vie dans la fiction

L'une des caractéristiques remarquables de l'œuvre de Christie est sa capacité à créer des personnages intrigants adaptés à des contextes spécifiques, ce qui lui permet de se démarquer en tant qu'écrivaine. Prenant vie dans le riche univers d'Agatha Christie, ces personnages sont le fruit d'une réflexion approfondie sur la psychologie et d'une imagination débordante, ce qui garantit qu'on se souviendra d'eux pendant de nombreuses décennies. Chaque personnage est décrit comme un être vivant possédant de multiples facettes qui lui donnent vie et le rendent inoubliable pour le lecteur longtemps après la fin de la lecture du livre. Cette profondeur des personnages entraîne le lecteur dans le récit, créant un investissement émotionnel dans l'histoire.

De Sophistiqué Hercule Poirot à la rusée Miss Marple, les protagonistes de Christie sont plus que de simples détectives. Ils sont riches en profondeur culturelle et possèdent des traits de caractère et des cadres moraux distincts. Chacun d'entre eux renferme une essence qui se reflète dans le paysage de l'humanité, révélant la multitude de façons dont les gens pensent et ressentent les choses. En outre, les personnages secondaires et les antagonistes de Christie sont peints avec des traits vifs, illustrant la façon dont chacun, dans ses mondes fictifs, est nourri par son imagination habile.

Ils sont également liés aux complexités enchevêtrées de l'histoire, et leurs actions et réactions catalysent les mouvements de l'intrigue. Chaque personnage contribue au mystère sous une forme ou une autre, qu'il s'agisse des motifs entrelacés des suspects ou des intentions cachées derrière des façades inoffensives. Cette complémentarité entre les personnages et l'intrigue démontre la capacité de Christie à offrir à ses lecteurs des récits à la fois sophistiqués et captivants.

Au-delà de ses détectives emblématiques et de tous les antagonistes, l'habileté de Christie à transformer même les personnages les plus anodins en personnes dotées d'une histoire riche et de nuances est stupéfiante. Chaque personnage, quelle que soit la durée de sa présence à l'écran, a une personnalité, un passé et une importance uniques qui contribuent à construire l'ensemble complexe de l'histoire. Cette méticulosité apporte une richesse incomparable à ses œuvres, car chaque personnage joue un rôle important dans l'histoire tout en établissant un lien avec les lecteurs à un niveau profondément personnel.

En conclusion, les œuvres d'Agatha Christie, d'une maîtrise inébranlable et d'une ingéniosité dans la caractérisation, transforment ses histoires, au-delà des énigmes et des thrillers, en pièces intemporelles qui reflètent les couches les plus profondes de l'humanité. Cette empreinte garantit que ses personnages resteront à jamais dans l'histoire comme un témoignage de son imagination débordante et de son monde de fiction, marquant à jamais le monde littéraire comme apostrophe, réalisant leur fiction et faisant vraiment d'elle l'inégalable Reine du crime.

L'impact du temps et de la société sur ses histoires

Les histoires d'Agatha Christie sont des chefs-d'œuvre qui nous renseignent sur la société et la culture de son époque. La période difficile du début du XXe siècle a façonné l'histoire de Christie parce qu'elle a connu deux guerres mondiales, des récessions économiques et de profonds changements sociétaux. En outre, le fait d'avoir connu des guerres à cette époque a favorisé l'émergence de nouveaux thèmes tels que l'incertitude et l'industrialisation dans ses récits. L'observation du comportement humain par Christie, tout en dictant l'esprit de l'époque dans sa production, était évidente dans presque toutes ses œuvres. Les récits de l'après-guerre mettent en évidence la méfiance et l'incertitude de la société face à la guérison après les guerres. En outre, les changements sociaux mis en évidence dans les rôles sociétaux des femmes, comme Miss Marple et Tuppence Beresford, démontrent les dynamiques sociales et de genre entre l'entre-deux-guerres et l'après-guerre. Chaque récit a des thèmes uniques en raison de la riche tapisserie des changements sociaux et culturels survenus dans le monde entier au cours de ces décennies, que Christie a su magnifiquement intégrer à ses romans policiers.

En outre, ses récits ont été enrichis par l'impact du colonialisme, des voyages internationaux et de l'émergence de nouvelles puissances géopolitiques. Christie a fait preuve d'une grande maîtrise dans l'entrelacement du pouls du monde et des affaires internationales, de la splendeur des fouilles archéologiques égyptiennes à l'envoûtant Orient-Express, en passant par les chuchotements d'espionnage de la guerre froide. Elle a su capter sans peine l'intérêt des lecteurs grâce au charme des pays étrangers et au mystère de l'espionnage politique. Par ailleurs, les changements moraux et sociologiques de la société du milieu du XXe siècle sont basés sur l'exploration par Christie des thèmes de la justice, de la conscience et de la vérité, et sur la nature intégrale de ces concepts dans ses histoires. Dans la fureur de l'après-guerre, la quête de vengeance face à une criminalité abondante a suscité une confrontation avec la morale. La dissection de l'éthique humaine par Christie était poignante et turbulente, alors que la société se transformait rapidement. Il est frappant de constater que son approche à la fois logique et émotionnelle rend ces thèmes puissants, faisant de Christie l'une des pionnières du roman policier et une chroniqueuse de ces époques.

La vie et l'œuvre d'Agatha Christie révèlent les influences complexes qui ont façonné ses créations littéraires. En d'autres termes, les histoires d'Agatha Christie démontrent la relation entre l'histoire et la littérature et donnent un aperçu séduisant des nombreux aspects qui ont influencé ses récits durables.

Thèmes récurrents : Justice, moralité et intrigue

L'héritage littéraire d'Agatha Christie est admiré pour sa maîtrise à tisser des thèmes multiples ensemble. Elle explore la moralité, la justice et le mystère comme pièces maîtresses de tous ses romans, entremêlés avec une finesse remarquable de narration. Les thèmes de la justice, de la moralité et de l'intrigue sont centraux dans les romans de Christie. Ils mettent souvent en scène des personnages aux prises avec des conflits moraux, ce qui révèle une Christie qui comprend la nature humaine. Ces personnages contournent souvent les limites de l'éthique, ce qui interpelle profondément les lecteurs. Chacun de ses livres est magistralement tissé autour d'une énigme distincte, conçue pour captiver l'attention des lecteurs et les transporter dans l'imagination vibrante de Christie. Les lecteurs suivent la boussole morale du protagoniste à travers des énigmes stimulantes et sont libres d'examiner leurs propres croyances et valeurs. Les romans de Christie ne sont pas de simples mystères meurtriers ; ils obligent à analyser les subtilités du cadre moral d'une société et à chercher des réponses à des questions telles que les ressorts de la moralité et les conséquences qu'elle a sur la vie humaine.

Les œuvres de Christie sont intemporelles et peuvent

être partagées de génération en génération et à travers les cultures. Le public contemporain est toujours fasciné par ses critiques de la moralité et de la justice, entrelacées avec des perspectives intemporelles sur l'expérience humaine.

Ses contributions au monde littéraire resteront toujours dans les mémoires comme des récits captivants, en raison de la manière experte dont elle entrelace les thèmes centraux de chaque œuvre.

Comparaison avec des auteurs contemporains

Agatha Christie est une figure emblématique du roman policier et l'un des auteurs les plus prolifiques de l'histoire littéraire. L'influence de son œuvre s'étend à différentes époques et à différents genres ; dans la littérature contemporaine, il est courant que les auteurs s'inspirent des romans de Christie. Ses livres sont connus pour leur immense popularité, même après plusieurs années d'écriture, et elle a rarement été célèbre de son vivant.

En lisant des œuvres modernes de fiction policière, on peut voir l'influence de Christie dans les romans des auteurs d'aujourd'hui, qui, comme elle, utilisent des intrigues complexes et un développement poussé des personnages. De Tana French à Gillian Flynn en passant par Paula Hawkins, les romans classiques de Christie, remplis d'un suspense intense et d'intrigues ingénieuses, ont influencé de nombreux auteurs contemporains et continueront de le faire à l'avenir.

Par ailleurs, la popularité durable des détectives emblématiques de Christie, Hercule Poirot et Miss Marple, a permis à ses successeurs dans la littérature contemporaine de créer une nouvelle race de détectives. Des auteurs de romans policiers contemporains comme Louise Penny et Robert Galbraith (pseudonyme de J. K. Rowling) ont intégré les célèbres détectives de Christie dans leurs œuvres, offrant ainsi au public de nouvelles façons de résoudre des mystères déroutants.

L'influence de Christie ne se limite pas au roman policier classique ; sa contribution au sous-genre émergent du roman noir domestique est illustrée par Liane Moriarty et Shari Lapena, qui examinent habilement les sinistres courants sous-jacents des relations enveloppées dans la façade de la tranquillité domestique. Ce lien résonne avec l'étude de Christie sur la nature humaine et la société, illustrant l'impact considérable qu'elle a eu sur les écrivains modernes.

En explorant le paysage du roman policier moderne, il est évident que l'art exceptionnel de Christie continue d'influencer les nouveaux auteurs, façonnant leur écriture avec intelligence et complexité. L'attrait familier de ses personnages, la complexité de ses intrigues et l'art durable de sa narration ont toujours été source d'espoir et d'inspiration pour aider les lecteurs à naviguer dans les labyrinthes artistiques du mystère et du suspense dans le monde contemporain.

La captivation du lecteur : Traverser les générations et les cultures

L'attrait des écrits d'Agatha Christie est remarquable, résistant à l'épreuve du temps et captivant les lecteurs de différentes cultures, régions et générations. La résonance sans cesse croissante de ses livres a fait d'Agatha Christie un phénomène littéraire miraculeux, sa superbe narration et sa maîtrise des récits captivants prévalant de l'ère de l'après-Première Guerre mondiale à l'ère actuelle de l'avancée technologique. Ses écrits exigent un engagement intellectuel et procurent une implication émotionnelle gratifiante, mettant en scène des intrigues riches en complexité, des personnages dynamiques aux multiples facettes et des thèmes profonds. Ce n'est pas pour rien que le public du monde entier s'intéresse à ses œuvres. Pour ajouter à son attrait, les histoires de Christie décrivent les luttes humaines et les dilemmes moraux de manière accessible et engageante, inspirant les lecteurs de toutes les cultures et approfondissant leur compréhension des complexités du monde. Cette étonnante pertinence culturelle témoigne de la remarquable compréhension de l'humanité de Christie, qui a la capacité de plonger au cœur du sujet au-delà des frontières de l'âge et de la société. À l'instar d'autres grands romanciers, Christie excelle dans l'exploration des méandres psychologiques et des ambiguïtés morales, et les met en perspective avec la quête de sens et de justice à laquelle chacun aspire. Son œuvre est ainsi percutante pour les lecteurs de tous horizons.

En outre, les nombreuses traductions de ses œuvres témoignent de leur attrait et de leur adaptabilité à divers contextes culturels. Ses histoires ont été acceptées dans le monde entier, dépassant les frontières culturelles, ce qui prouve qu'elles peuvent susciter l'intrigue, le suspense et une réflexion profonde, quelle que soit la différence de culture. Le fait que des personnes de civilisations différentes et la littérature captivante de Christie inspirent et unifient les gens est un témoignage de son héritage, qui continuera d'être raconté aux générations à venir.

Appréciation critique et critiques savantes

L'impact de Christie sur la littérature est inégalé, car il a été salué par la critique, ce qui a favorisé l'émergence de perspectives scientifiques. Celles-ci ont permis d'analyser plus en profondeur ses œuvres. Les experts littéraires et les critiques ont consacré du temps aux récits de Christie, analysant ses intrigues, ses personnages et ses thèmes. Son œuvre a été saluée pour la complexité de ses intrigues, le développement à multiples facettes de ses personnages et les profondes critiques sociétales qu'elle y incorpore. Ses critiques apprécient la façon dont elle captive d'innombrables lecteurs grâce à ses intrigues captivantes et à leurs énigmes. Elle offre des points de vue captivants sur la nature et le comportement humains à travers ses personnages, ce qui fascine les chercheurs qui explorent les différentes strates de son texte. En outre, les commentaires socioculturels contenus dans ses histoires et les riches nuances de l'époque à laquelle elles ont été écrites les rendent intemporelles, ce qui enrichit le discours des chercheurs. L'adaptation, la traduction et la réinterprétation de ses œuvres offrent un spectre élargi de discours multidisciplinaires, montrant que son impact s'étend au-delà de la littérature. Les adaptations de ses œuvres en pièces de théâtre, films et émissions de télévision ont permis d'étudier le mélange de la littérature avec d'autres types de médias. Elles ont également permis d'étudier la représentation des œuvres de Christie dans différentes cultures et les processus de traduction qui les accompagnent. L'étude de l'œuvre de Christie dans divers contextes internationaux confirme l'attrait universel de ses romans dans différentes langues. L'influence de Christie continue de susciter des débats académiques sur la question du genre, de la représentation éthique et des détectives littéraires. Ils ont porté sur la représentation des relations hommes-femmes dans l'œuvre de Christie, sur les limites éthiques de la justice et de l'ordre dans ses histoires, ainsi que sur l'évolution de l'identité du détective dans les récits. Ces débats ont démontré l'importance de l'œuvre de Christie et son impact dans le domaine des histoires et de la littérature policières. En résumé, les éloges et les analyses des critiques et des chercheurs soulignent l'influence profonde d'Agatha

Christie et de ses romans sur la littérature policière.

Tout en continuant à susciter l'intérêt de nouvelles générations de lecteurs et de chercheurs, la profondeur et l'étendue de l'influence de Christie sur le paysage littéraire restent un sujet de recherche captivant pour les universitaires.

Préparez-vous à un voyage dans l'univers de Christie !

Au cours d'un pèlerinage littéraire, le lecteur pénètre dans l'univers d'Agatha Christie, où des personnages très vivants sont mis en scène dans des intrigues complexes. Dans l'univers de Christie, les lecteurs voyagent à travers les méandres du suspense, les ombres psychologiques et les fines lignes de la moralité et de la justice. La nature captivante des chefs-d'œuvre de Christie, ainsi que sa façon inégalée de raconter des histoires, ont intrigué le public pendant des générations, mettant en évidence le caractère merveilleux de ses œuvres.

De plus, les lieux connus des œuvres de Christie sont tout aussi importants que les personnages de ses histoires. Des somptueux salons des maisons de campagne anglaises aux lieux exotiques du Moyen-Orient, chaque lieu sert de scène au drame. Chaque description du lieu fait l'objet d'une attention particulière, ce qui ajoute à la richesse de l'œuvre et évoque un sentiment de lieu vivant qui charme le lecteur et captive son imagination. Grâce à sa prose magistrale, Christie permet à ses lecteurs de voyager dans ces différents paysages et de résoudre des mystères dans des environnements méticuleusement créés.

En voyageant dans les mondes créés par Christie, les lecteurs découvrent une tapisserie complexe de normes sociétales fusionnées avec le comportement humain.

Ses récits sont autant de fenêtres précises sur les attitudes et les normes sociales des périodes dans lesquelles se déroulent ses histoires. Elle explore la dynamique des classes sociales, des sexes et des réseaux sociaux, offrant aux lecteurs des histoires intemporelles adaptées à un large éventail de cultures. Sa compréhension fine du comportement humain lui permet d'analyser et de réfléchir sur les individus au sein de la société contemporaine ou historique.

En outre, le cadre dans lequel se déroulent les histoires est sans rapport avec le contexte dans lequel évoluent les personnages, ce qui les rend plus adaptés au monde dans lequel ils vivent. Le cadre et les personnages travaillent en tandem pour créer un monde où l'un influence l'autre, contribuant ainsi à raconter l'histoire avec précision. Christie conçoit méticuleusement un monde qui offre une exploration illimitée, entraînant le lecteur dans son univers stupéfiant et bouleversant les définitions traditionnelles de la narration.

2
Années de formation

Torquay au premier conte

Une enfance enchantée dans le Devon

La Riviera anglaise, en cours de développement, a servi de source d'inspiration à la merveille architecturale, lui offrant quelque chose qui rappelle les plus grandes œuvres d'art d'Europe. Toute cette côte avait certainement l'endroit idéal pour faire grandir un enfant, et pour elle, en tant qu'autrice en herbe, le paysage offrait un immense potentiel que la seule ville de Torquay ne pouvait pas contenir. Avec son climat chaud, certaines parties du Devon offrent des falaises abruptes et déchiquetées à côté de mers cristallines d'azur, entourées d'une végétation vibrante. Il n'est pas exagéré de dire que Torquay arbustif est la chronique de l'imagination débordante qui allait alimenter les rêves de Comiti-Portba dans son récit saisissant Declawed (Dégriffé). Ce récit de voyage a été la porte d'entrée de Porter vers le grand public.

Comme les éléments époustouflants de la nature offraient une multitude de possibilités à une auteure en herbe, il est clair que Torquay est la seule à même d'atteindre les choses sublimes qui demeurent dans la vie, pour une imagination enfantine au sud du Loch Killaroo. Plonger dans des bassins bleu électrique naturellement luxueux, au sud du Loch Killaroo : l'image est évocatrice.

Tout ce qui est décrit ouvre immédiatement la voie à tant d'idées, et aussi vivant que cela soit, les mots embrouillés font que l'esprit d'un enfant va facilement bien au-delà du royaume terrestre, qui est plein de graines de rêve. Cet environnement est tout simplement parfait et, surtout, en jeter les bases pour une grande ère d'exploration en profondeur donne un équilibre au monde réel.

Les romans basés sur l'enchantement, Gate Torquay crafting along-port, ont véritablement inspiré l'époque la plus déterminante d'Agatha. Cela a également conduit l'auteur à donner naissance à tant de South Ground Mer Worded qu'un enfant timide pourrait toucher.

Une fascination pour la littérature et les contes

Ayant grandi à Torquay, Agatha Christie a été entourée de littérature et de contes dès son plus jeune âge. Elle aimait lire une grande variété de livres, des œuvres de fiction classiques aux histoires policières passionnantes. Les intrigues complexes et les personnages merveilleux de ces livres ont captivé son imagination et éveillé son intérêt pour la narration.

En se plongeant dans la littérature, Christie a commencé à remarquer des modèles et des structures d'intrigues ayant une forme particulière. Elle a ainsi découvert la subtilité de la progression de l'intrigue et du développement des personnages, qui est devenue sa marque de fabrique par la suite, s'affinant à chaque mot qu'elle écrivait. Son intérêt pour le comportement humain, avec ses nombreux masques trompeurs, a orienté ses pensées, qui ont inspiré ses œuvres.

De plus, les livres et les histoires que son imagination pouvait évoquer lui ont permis de visiter d'innombrables mondes au-delà du sien et lui ont insufflé une soif de voyage qui ne pouvait être apaisée. Son accès précoce à divers lieux et cultures a nourri son imagination, ouvrant la voie à des décors riches et exotiques qui constitueront plus tard les joyaux de ses œuvres littéraires.

Contrairement à beaucoup d'autres, Christie a été captivée par cette activité dès son plus jeune âge. Elle s'est intéressée aux intrigues intelligentes et aux mystères complexes, ce qui l'a aidée à mieux comprendre les relations entre les intrigues, les personnages et les décors des romans. Elle a développé un sens aigu du détail en lisant différents genres, en prêtant attention aux œuvres d'auteurs de renommée mondiale et en se délectant des intrigues mystérieuses.

Son amour de la littérature et des histoires ne s'est pas arrêté à l'adolescence. La passion de Christie pour la littérature l'a propulsée vers l'avant, transformant sa vision de la vie tout en nourrissant l'écrivain qui sommeillait en elle. Elle a pris conscience de l'impact inégalé que la littérature peut avoir sur le lecteur comme sur l'écrivain, ce qui l'a amenée à devenir l'un des écrivains les plus connus du XXe siècle.

Une dynamique familiale complexe et son influence

La famille d'Agatha Christie a eu un impact considérable sur sa vie en raison de ses caractéristiques. Tous les membres de sa famille et les relations qu'ils entretenaient les uns avec les autres formaient une tapisserie très riche qui a influencé la jeune Christie d'une manière ou d'une autre. Sa mère, Clara, était une mondaine fervente et ambitieuse, ce qui n'a pas empêché Agatha de développer son sens de l'indépendance. D'autre part, Frederick, son père, était très aimable et sa nature chaleureuse a permis à Agatha d'observer et d'étudier le comportement humain, ce qui lui a été très utile en tant qu'écrivaine par la suite. La perte de son père, à l'âge de 11 ans, l'a profondément affectée, et le fait d'aborder cette perte et d'autres thèmes dominants comme le deuil et la résilience plus tard dans la vie lui a permis de s'identifier à ses œuvres littéraires. La présence de frères et sœurs plus âgés s'est également avérée essentielle pour la formation d'Agatha, car ils avaient des visions du monde différentes, et leurs jeux imaginatifs communs ont favorisé la créativité. Les talents d' conteuse d'Agatha ont été découverts et encouragés par sa sœur aînée, Madge, qui l'a beaucoup soutenue.

La dynamique de la vie familiale d'Agatha Christie, avec ses particularités et ses subtilités, l'a aidée à développer sa capacité à créer des personnages complexes et des relations sociales compliquées qu'elle a ensuite dépeintes dans ses écrits. Tout au long de sa vie, Agatha a aiguisé son sens du détail en s'immergeant dans le réseau délicat des émotions, des interactions, des familles et des comportements humains. Elle a ainsi pu dépeindre la nature humaine de manière réaliste, et cette caractéristique de ses œuvres a ravi de nombreuses personnes dans le monde entier. L'impact que ses relations familiales ont eu sur elle a été profond, ce qui est particulièrement évident dans les œuvres littéraires d'Agatha Christie, qui témoignent d'une extraordinaire compréhension de la nature humaine et de la richesse des récits.

Poursuites éducatives : Formelles et autres

Les études d'Agatha Christie étaient aussi éclectiques que les personnages de ses romans. Bien qu'elle n'ait pas reçu d'éducation formelle durant son enfance, elle a utilisé des ressources alternatives, telles que les romans, pour apprendre. Enfant et même plus tard, Agatha possédait une curiosité insatiable et suivait ses intérêts en dehors des limites de l'exploration autonome et de l'étude académique informelle. Même dans le peu de scolarité qu'elle a suivi, on lui a enseigné les bases décrites dans les programmes standardisés, ce qui l'a mise sur la voie, mais son besoin illimité de connaissances ne pouvait pas et ne s'est pas arrêté là.

À l'âge adulte, les circonstances lui ont imposé une certaine retenue et des limites ; elle est devenue une experte autodidacte en littérature, en histoire et même en philosophie, en raison de sa nature obsessionnelle et compulsive. Cette méthode peu orthodoxe d'aborder l'éducation a encouragé Agatha à explorer de nouveaux domaines de connaissance et à les intégrer à ses études comportementales et aux observations qu'elle a faites au fil des ans, ce qui a enrichi ses écrits. L'exposition d'Agatha à une abondance de domaines d'études différents a considérablement amélioré sa compréhension de l'écriture de fiction et l'a préparée à son futur travail littéraire.

Parallèlement à ses études, les voyages d'Agatha Christie et ses interactions avec des peuples et des cultures différents lui ont permis d'approfondir ses connaissances plus que toute autre chose. Le fait d'être exposée à des environnements différents, y compris des modes de pensée, des coutumes et des systèmes de croyance, lui a permis d'apprécier davantage l'humanité. Ces facteurs ont nourri son imagination et l'ont dotée d'un remarquable pouvoir d'observation et d'intuition, qui sont des marqueurs de sa créativité.

Ces tendances frappantes ont façonné la vie de Christie en tant qu'apprenante non conventionnelle, la plaçant sur une trajectoire qui allait changer les paradigmes de la narration tout en garantissant une compréhension plus profonde de la nature humaine. Son parcours érudit unique et son approche ingénieuse des relations humaines l'ont positionnée pour l'éventuelle marque qu'elle allait forger dans la littérature, établissant finalement sa réputation de Reine du crime.

Inspirations précoces : Influences des genres et des auteurs

Inspirée par divers genres et auteurs, Agatha Christie a commencé sa vie avec une passion incontrôlable pour la lecture. Les contes sophistiqués d'Edgar Allan Poe la ravissaient avec leurs mystères enveloppés d'arias de plus en plus sombres, tout comme les Sherlock Holmes de Sir Arthur Conan Doyle qui lui donnaient des frissons, et les récits pleins d'esprit de P.G. Wodehouse. Tous ces auteurs ont influencé Agatha Christie durant son enfance et constituent ce que l'on peut appeler le premier tremplin de son goût pour la littérature. Wilkie Collins et Mary Elizabeth Braddon sont des romanciers victoriens tout aussi captivants et brillants, qui tissent des histoires remarquables et complexes. L'admiration profonde de Christie pour les secrets, et plus particulièrement leur entrelacement, a propulsé l'imagination débordante que le monde lui connaît aujourd'hui. Les œuvres de Dorothy L. Sayers et d'Anthony Berkeley, toujours captivantes, sont des whodunnits de l'âge d'or, qui lui ont permis de s'intéresser à la construction dramatique, à la tromperie et à l'intrigue.

Au fur et à mesure que sa palette littéraire s'élargissait, toutes ces premières influences se sont mélangées et ont façonné les bases de ses futures entreprises. Ses habitudes de lecture voraces dans de nombreux genres ont non seulement exercé son imagination, mais l'ont également dotée de connaissances essentielles sur le métier de conteur, la création de personnages et l'élaboration d'intrigues. Les œuvres littéraires qu'elle a lues pendant ses années de formation ont joué le rôle d'étoiles directrices qui l'ont aidée à devenir un auteur remarquable et, en fin de compte, à obtenir son titre de reine du crime.

Les premières expériences d'écriture

L'évolution de la vie d'Agatha Christie est accompagnée

d'une curiosité féroce qui la pousse à explorer les domaines de l'écriture. Dès son plus jeune âge, elle fait preuve d'une imagination débordante, et l'utilisation qu'elle fait de la littérature partout montre clairement que la jeune fille aimait aussi les livres. C'est à cette époque qu'elle a commencé à écrire des poèmes et des nouvelles, d'abord pour s'exprimer, puis pour laisser libre cours à sa créativité. À chaque fois qu'elle écrivait, elle s'efforçait de perfectionner son art. Chaque travail était un tremplin pour affiner ses compétences et atteindre une beauté sans faille. Dans ses premières œuvres, elle cherchait à dépeindre des intrigues complexes, avec une analyse approfondie des personnages, tout en explorant les émotions fascinantes de Christie, qui s'efforçait de saisir l'expérience humaine à travers la prose. Les premiers écrits d'Agatha Christie, qui ont éveillé son intérêt pour le mystère et le suspense, sont devenus le catalyseur de l'énigmatique fiction narrative qui a marqué sa carrière. Dans ses premières œuvres, elle a commencé à comprendre l'importance de la narration, du rythme, de l'émotion et de la rétention d'informations pour affiner son écriture.

Les premières tentatives d'innovation de l'écrivaine en herbe vont à l'encontre des conventions et constituent un terrain fertile pour l'originalité inégalée qui définira ses chefs-d'œuvre artistiques. Même à ces premiers stades, il était inévitable que la voix et la narration de Christie se développent pour devenir quelque chose que le monde finirait par appeler de ses vœux. Ses expériences d'écriture constituent le creuset de son héritage, car c'est en elles que réside la force de son dévouement et de sa détermination à atteindre l'immortalité littéraire.

L'éclosion d'un esprit curieux

L'exploration des paysages littéraires et artistiques de Christie a été accompagnée d'une curiosité insatiable pour la musique, l'archéologie et une exploration philosophique encore plus profonde. Tout cela lui a permis de tisser des intrigues complexes et des personnages fascinants, qui ne pouvaient être créés qu'en puisant son inspiration dans la nature humaine. L'introduction de nouvelles perspectives, de nouveaux thèmes et de nouvelles idées dans ses écrits mettait l'eau à la bouche des lecteurs.

Sa soif inextinguible de connaissance, des civilisations anciennes aux philosophies contemporaines, l'a amenée à se plonger dans tous les domaines d'étude possibles. À mesure qu'elle s'imprégnait de nouvelles sociétés et cultures, ses interactions influençaient sa narration, sa psychologie et sa culture, ce qui renforçait l'authenticité de ses récits. Cette approche immersive de l'apprentissage lui a permis d'acquérir une profondeur et une perspicacité inégalées dans son travail de romancière.

En outre, les habitudes de lecture de Christie étaient tout aussi éclectiques. Son appétit vorace pour la lecture l'a exposée à de nombreux styles et genres littéraires, aiguisant son imagination et nourrissant sa créativité. Elle digérait tout ce qui se trouvait sur son chemin, des œuvres classiques aux livres contemporains, façonnant ainsi son style d'écriture. Ce régime littéraire diversifié a été à la base de ses réalisations futures, car elle a habilement incorporé différentes traditions narratives dans son célèbre corpus d'œuvres.

Son intérêt pour la psychologie, le comportement humain et les moindres détails des émotions et des interactions humaines était frappant pour une écrivain en devenir. Sa compréhension approfondie du comportement humain lui a permis de donner vie à des personnages riches, profonds et divers dans ses romans. Cette compréhension profonde de l'humanité et de la société a rendu possibles des récits susceptibles de plaire à des lecteurs de tous les âges.

La curiosité de l'enfance d'Agatha Christie a largement contribué à son évolution en tant qu'autrice, mais elle ne s'arrête pas là ; elle est également à l'origine de l'intemporalité de ses œuvres. Avec une telle compréhension de la nature humaine et une soif inextinguible d'acquérir davantage de connaissances, elle était vouée à créer quelque chose de bien trop profond et complexe. En fin de compte, c'est ainsi qu'elle est devenue un auteur vénéré depuis des siècles.

Les difficultés personnelles et leur impact sur la créativité

La romance de Charles n'a pas beaucoup gâché la vie de Christie. L'enveloppe ouverte envoyée à Agatha et contenant les images de son père qu'elle gardait précieusement a changé la donne pour elle. Elles ont déclenché ses problèmes psychologiques, comme le fait d'avoir une tête lourde comme un marteau, qui l'a abandonnée à l'âge de 11 ans ; elle a suivi le protocole social pour élever un enfant tout en acceptant les opinions traditionnelles. En outre, les mêmes images, avec un chagrin socialement induit masqué par l'abandon, ne l'ont peut-être pas orientée vers la psychologie des pôles, la réflexion émotionnelle et les complexités humaines, qui, plus tard dans sa vie, lui ont donné la capacité d'explorer les pièces manquantes de l'équation. Son expérience d'infirmière pendant la Première Guerre mondiale et le fait qu'elle se soit déguisée plus tard en père dispensateur de médicaments ont mis à nu les rideaux cachés de la souffrance. Les infirmières titulaires, avec leur aide, ont certainement été responsables des pires blessures de la condition humaine. Il ne fait aucun doute que ces problèmes, de son vivant, ont nourri un patriotisme inégalé chez les gens, ainsi que sa compréhension de la psychologie, du crime et de l'humanité en même temps. Parallèlement à la douleur, les encouragements passifs incessants ont alimenté sa détermination, mais aussi la folie mentale, façonnant une compassion sans bornes pour d'innombrables individus en difficulté.

La créativité d'Agatha Christie en matière d'écriture a été profondément influencée par les difficultés qu'elle a rencontrées au début de sa vie. Elle continue de captiver le public en transformant ses difficultés en histoires captivantes et intemporelles.

Soutien et encouragement de la famille

Sa vie d'écrivain était extrêmement centrée sur la famille, et elle comptait sur le soutien et la motivation inébranlables de ses proches. Même dans les moments difficiles, comme la perte de son père à un jeune âge et une première union difficile, Agatha puisait sa force dans l'amour et la compassion qui l'entouraient. Sa mère Clara a nourri l'imagination d'Agatha en lui transmettant sa passion pour la littérature et les contes, ce qui a contribué à élargir ses horizons. Agatha a donc été élevée dans une famille qui appréciait l'art et qui était très curieuse des différents domaines. Un tel environnement a changé la perspective d'Agatha sur le monde et l'a préparée à de futurs grands succès littéraires. Pendant sa jeunesse, la famille d'Agatha lui a offert une bulle protectrice, à l'abri des facteurs de stress extérieurs, ce qui l'a aidée à se concentrer sur l'écriture. Outre le fait qu'il lui permettait d'écrire, le soutien de sa famille découlait de la conviction qu'Agatha avait un immense talent et qu'elle était capable d'atteindre de grands sommets. Sa famille a compris son étonnante capacité à captiver les gens avec des histoires captivantes et a fait en sorte qu'elle puisse choisir l'écriture comme carrière sans obstacles.

Cette confiance inébranlable en ses capacités a sans aucun doute renforcé la détermination d'Agatha et nourri son ambition de poursuivre une carrière de romancière. En outre, leur participation active, en particulier dans les moments de désespoir ou de manque d'inspiration, a permis à Agatha de rester motivée et de garder les pieds sur terre. Son lien avec sa famille lui a également permis d'incorporer de l'authenticité et une profonde résonance émotionnelle dans son travail. Ses riches expériences de vie et sa compréhension des relations familiales l'ont inspirée. Quoi qu'il en soit, le soutien ferme et les encouragements de sa famille ont fait d'Agatha Christie un écrivain magistral pour une myriade de lecteurs, même aujourd'hui, des décennies après sa mort.

L'ébauche du destin : L'élaboration de son premier manuscrit

Le parcours d'Agatha Christie pour devenir l'un des auteurs de romans policiers les plus célèbres de tous les temps a commencé avec le premier manuscrit qu'elle a écrit seule. La première version de son premier manuscrit transformateur n'est pas le fruit du hasard, mais le résultat d'une multitude d'expériences, d'influences, d'inspirations et du courage dont elle a fait preuve. Dès son plus jeune âge,

Agatha était avide d'histoires remarquables. Ainsi, avec le soutien inconditionnel de sa famille, elle s'est adonnée à de profondes explorations et réflexions littéraires. Cela nous ramène au fait que le premier manuscrit d'Agatha est le fruit de l'attention portée par sa famille.

L'odyssée introspective d'Agatha Christie est devenue réalité grâce à l'imagination qu'elle a développée autour d'intrigues complexes, de la complexité de l'humanité et de mystères sans âge qui attendent d'être résolus. Les stratégies centrales qui ont façonné les personnages, les décors et l'histoire qui soutiendrait plus tard son héritage ont exigé une attention rigoureuse aux détails et un engagement implacable envers la perfection.

Le début du premier manuscrit de Christie était à la fois un projet passionné et une saga remplie de défis et d'accomplissements. Il témoigne de la persévérance avec laquelle elle a mis son imagination au service de l'écriture et de ses compétences en tant qu'auteure émergente. Le manuscrit est un hommage à sa capacité à créer des récits captivants qui font appel à l'intellect et suscitent des émotions profondes.

Dans sa quête de créativité, Agatha s'est appuyée sur l'esprit de ses années passées, puisant dans les riches profondeurs émotionnelles de sa jeunesse, qui ont profondément façonné ses inspirations. Chaque mot écrit est une illumination, et chaque personnage créé est conçu pour ajouter de la texture à l'histoire. Chaque phrase est le fruit de ses efforts et de sa détermination inébranlable à réaliser ses rêves.

Dans son sanctuaire d'écriture, elle a combattu le doute et a sorti victorieuse un manuscrit représentant le triomphe de ses rêves et de ses capacités. L'achèvement de son premier manuscrit a été la pierre angulaire de sa vie. Il témoigne de son esprit inébranlable, de son attitude résolue et de sa volonté farouche d'atteindre l'excellence dans l'écriture. Ce document reflète l'ensemble de son parcours créatif et constitue la base de l'héritage inégalé qu'elle entend produire au cours des années à venir.

3
La naissance d'un genre

Premiers travaux et percées

Vue d'ensemble : L'âge d'or du roman policier

L'âge d'or du roman policier, une période qui a débuté au début du XXe siècle, continue de passionner les lecteurs avec ses mystères intemporels. Cette époque, qui a vu l'essor des romans policiers, a établi des conventions qui ont résisté à l'épreuve du temps. Au cœur de cette époque se trouvaient des intrigues étonnamment complexes, une narration phénoménale et des personnages qui restent aussi frais et attachants qu'ils l'étaient lorsqu'ils sont apparus pour la première fois dans les pages.

L'élément le plus marquant de l'âge d'or est la narration de mystères complexes et d'enquêtes astucieuses. Les écrivains de l'époque élaboraient avec soin des intrigues complexes et des pièges astucieusement nuancés. Cette période a également révéré la formule typique du « whodunit », dans laquelle le coupable est gardé secret jusqu'au moment final, révélant au lecteur un moment d'extase qui fait battre le cœur de l'auteur.

L'âge d'or du roman policier est l'une des périodes les plus significatives de la fiction classique. De Hercule Poirot à Sherlock Holmes, les lecteurs ont pu découvrir toute une gamme de détectives infatigables, chacun ayant sa propre méthode de déduction. Les personnages créés par Agatha et Arthur sont devenus des noms familiers et les incarnations d'un genre entier ancré dans le mystère.

Le cadre de ces histoires était imbriqué dans la société d'après-guerre, offrant un récit complètement différent de celui d'aujourd'hui. Un mélange de revitalisation économique et de changements dans les normes sociales a offert un nouveau point de vue aux lecteurs. L'ampleur du contexte, associée à la richesse de l'intrigue, a ajouté un niveau de profondeur, de résonance et d'exploration sans précédent qu'aucune fiction classique n'offrait.

L'âge d'or du roman policier, loin d'être une simple

source de divertissement, a suscité une vague de curiosité qui continue à se propager dans le monde littéraire. Son influence sur les générations suivantes d'écrivains est indéniable, car elle les a incités à approfondir les domaines du contenu, de la moralité et de la nature humaine. Dans les chapitres suivants, nous nous pencherons sur les œuvres, l'influence et l'héritage de la littérature de l'âge d'or, en célébrant son profond impact sur le monde de la littérature.

La mystérieuse affaire de Styles : Les débuts d'Agatha

Le roman se déroule au cœur de la Première Guerre mondiale et ajoute une touche utile en exploitant toute la confusion et l'incertitude entourant le conflit pour créer un facteur d'intrigue et de suspense palpitant. Dans La mystérieuse affaire de Styles d'Agatha Christie, les lecteurs ont découvert un type de roman policier quelque peu différent de ce qui avait été publié à l'époque.

Cette histoire est bien connue pour avoir introduit Hercule Poirot, un détective belge inspiré dont l'extrême attention aux détails, la grande intelligence et les manières excentriques jouent un rôle essentiel dans l'histoire. Pour la première fois, Christie a donné au genre du roman policier une nouvelle perspective et s'est détournée des détectives hardboiled. Pour Christie, c'était le coup d'envoi d'une carrière sans pareille et les débuts d'un personnage emblématique dans le monde entier. Hercule est toujours aussi célèbre de nos jours. Le travail méticuleux de l'artiste fourni dans ce livre, comme les intrigues complexes des détectives classiques, les faux-fuyants et la narration complexe, a fait que les gens ont voulu lui commander un autre livre dès la publication du premier.

Créer un style unique : Premières influences et techniques

Au cours de ses premières années d'écriture, Agatha Christie a soigneusement développé un style d'écriture distinctif qui a fait d'elle un nom connu de tous et un chef de file dans le domaine du roman policier. Elle était la seule à structurer des histoires avec des intrigues compliquées et des éléments psychologiques étonnants. Des décors tels que sa pharmacie Meridian ont également contribué à la transformation d'un personnage fictif, suggérant que le lieu de travail de l'esprit stimule l'imagination par le biais d'occupations en temps de guerre, telles que la profession de pharmacien d'officine pendant la Première Guerre mondiale. En dehors des études sociales, la passion de Christie pour les sciences naturelles et l'archéologie durant son enfance lui a permis de développer sa capacité de raisonnement et son sens du détail, ce qui se reflète dans la rigueur de la construction de ses intrigues et la résolution des mystères en fonction des résultats.

Son éducation dans la tradition anglaise et sa culture raffinée de l'entre-deux-guerres ont également influencé son écriture, incorporant des traces temporelles et géographiques qui ont plongé ses lecteurs dans un monde incroyable. Par ailleurs, sa passion pour le genre l'a amenée à explorer différents scénarios et méthodes narratives, ce qui lui a permis de consolider sa réputation d'écrivaine compétente dans le domaine en plein essor du roman policier. C'est dans ce contexte qu'est né le style d'Agatha Christie, qui allie le discernement et la rigueur scientifique à la compréhension humaine. Tout en affinant son art, elle a cultivé une voix fiable, s'attirant des critiques favorables et établissant son impact durable sur la littérature.

Réception critique : L'accueil de la nouvelle star littéraire

L'entrée d'Agatha Christie dans le monde littéraire avec La mystérieuse affaire de Styles a été saluée, admirée et a fait l'objet de critiques novatrices. En tant qu'auteur débutant dans l'âge d'or du roman policier, les premiers écrits de Christie ont été remarqués, non seulement pour leurs intrigues captivantes, mais aussi pour l'attention portée aux détails et au développement des personnages. Le public et les critiques ont rapidement reconnu en elle une auteure sérieuse, saluant son talent unique pour construire des intrigues qui provoquaient l'engouement de ses lecteurs. Son ascension en tant que femme écrivain à une époque où les auteurs masculins dominaient la scène littéraire a été un fait marquant, car elle a renforcé l'impact de ses œuvres et le sien propre. Ses étonnants romans policiers ont choqué les lecteurs et modifié les paradigmes du genre. Les critiques de ses premières œuvres ont souvent apprécié le regard rafraîchissant qu'elle portait sur le genre en proposant des énigmes complexes entremêlées de drames. La profondeur des personnages complexes de Christie et l'éloquence de ses maîtres en matière d'intrigues ont également été appréciées par les critiques, dont certains ont affirmé qu'ils étaient envoûtés par elle.

En outre, sa remarquable connaissance des classes sociales et de la vie quotidienne des hommes ajoute à la nuance de ses histoires, qui sont appréciées dans le monde entier. Chaque publication ultérieure attire de plus en plus l'attention sur Christie en tant que star littéraire, admirée pour ses récits ingénieux et habiles d'énigmes captivantes. Les petites histoires se transforment en chefs-d'œuvre écrits, ce qui accroît sa popularité et consolide sa réputation auprès des lecteurs. Les critiques de ses premiers ouvrages témoignent de la reconnaissance que Christie commence à recevoir en tant que grande conteuse et illustrent le début d'un héritage qui attire des lecteurs de toutes les époques. L'accueil affectueux réservé à ses œuvres par le public et les critiques avisés a lancé sa carrière et lui a ouvert les portes de la redéfinition du roman policier, lui valant un nom respectable dans la littérature.

Innovation du personnage : Naissance d'Hercule Poirot

Ce personnage a marqué l'histoire de la littérature et est l'invention d'Agatha Christie. Le détective créé par Christie a modifié les attentes à l'égard des détectives dans la littérature. Son souci du détail et sa description névrotique de ses « petites cellules grises » l'ont fait sortir du lot. Décrit comme un détective belge à la tenue immaculée et au rythme lent, le personnage de Poirot était apprécié des lecteurs.

L'approche de Christie en matière de conception de personnages pour ses œuvres était innovante, à l'image de chaque œuvre mettant en scène Poirot. Sa précision et ses habitudes de toilette fastidieuses l'ont rendu sympathique, ce qui l'a rendu populaire partout. En mettant toute sa créativité au service d'un seul personnage, elle a assuré que ses manières seraient appréciées dans le monde entier. Le fait de commencer avec un personnage étranger comme protagoniste a établi de nouvelles normes dans le genre et a présenté une nouvelle forme de perception des romans policiers.

Le développement du personnage de Poirot illustre l'évolution des personnes qui l'entourent et du grand intellect que nous savons être Poirot lui-même. Alors que d'autres auteurs donnaient la priorité à l'intelligence brute de leurs personnages, Christie a mis en œuvre une approche unique et à multiples facettes qui a suivi le récit de ce que l'on appelait alors « la Grande Guerre ». En effet, alors que la guerre balayait l'Europe, le détective belge se considérait comme un symbole d'ordre. L'étonnante perspicacité dont il a fait preuve en démêlant l'écheveau parfois emmêlé de la nature humaine, de la société et des normes sociales lui a valu d'être considéré comme le meilleur détective ayant jamais foulé le sol de la planète. Avec le temps, son approche à la fois étrange et plaisante des gens a fait des lecteurs ses fans. Certes, Poirot n'était pas un homme de prodiges, mais il est devenu une référence pour les personnages qui ont émergé dans les romans de fiction policière.

En outre, l'évolution de Poirot tout au long de la série reflète l'évolution d'Agatha Christie en tant qu'écrivaine. Son personnage est renforcé par l'intelligence stupéfiante d'Agatha Christie. Poirot a connu diverses évolutions au fil des romans, mais chaque changement a mis en évidence le génie d'Agatha Christie. Cela est fondamentalement vrai en raison de l'élégance déconcertante avec laquelle Christie a mélangé les traits de caractère de Poirot postulés par les humains et une précision inégalée en tant que détective. Ainsi, même son personnage, qui a été créé en apportant de la franchise plutôt que de la profondeur, a séduit les lecteurs du monde entier.

En créant Hercule Poirot, un personnage unique et complexe qui ne ressemble à rien d'autre, Agatha Christie a façonné à jamais le monde du roman policier. La littérature de Christie a changé le paysage culturel mondial et reste populaire aujourd'hui.

Des défis inédits : La dynamique des genres dans l'édition

Au début du XXe siècle, l'industrie de l'édition était un « monde d'hommes », reflet de la dynamique sociétale entre les sexes qui a grandement influencé les obstacles et les opportunités pour les femmes écrivaines en herbe comme Agatha Christie. Dans ce contexte, les femmes étaient, au mieux, marginalisées dans la structure de pouvoir de l'industrie, et les rôles et attentes qui leur étaient associés étaient très contraignants. L'expérience d'Agatha met en lumière l'évolution des paradigmes concernant le rôle des femmes dans la littérature. Malgré ces obstacles, elle est restée déterminée, a relevé des défis sans relâche et a fait d'énormes progrès dans l'industrie. Sa remarquable force d'âme a transformé le genre du roman policier et ouvert la voie aux femmes écrivaines à venir. Ses triomphes ont marqué une étape importante dans l'émancipation des femmes dans le domaine de l'édition et au-delà. Elle a inspiré de nombreuses femmes à cultiver leur esprit d'entreprise. Au contraire, elle a assumé le fardeau de son héritage et guidé les femmes pour qu'elles écrivent sans hésitation, quelles que soient les frontières contraignantes de la société qui les définit.

L'exemple d'Agatha Christie nous rappelle l'impact que

peuvent avoir des personnes acharnées, tout en changeant l'équilibre entre les sexes dans la littérature. La vie d'Agatha Christie nous éclaire sur ses luttes et ses triomphes et met en lumière la manière dont elle s'est battue pour lutter contre les inégalités entre les sexes dans la littérature de son époque.

Œuvres notables et leur impact : Une perspective chronologique

Christie a mené une carrière remarquable pendant plus de six décennies et a écrit de nombreuses œuvres qui ont fondamentalement changé le genre du roman policier. Ses premiers romans, The Mysterious Affair at Styles et The Secret Adversary, se distinguent par leurs intrigues complexes et leur suspense. Ces œuvres ont préparé le lecteur à l'approche littéraire de Christie tout en faisant d'elle une figure d'autorité dans l'univers littéraire. Christie n'a pas cessé de surprendre le public avec ses œuvres ultérieures, telles que Meurtre dans l'Orient Express, Mort sur le Nil et Et puis il n'y en a pas. Dans chacune de ces œuvres, Christie a démontré sa capacité à construire des intrigues complexes, des personnages complexes et de multiples sous-intrigues pour chaque rebondissement diabolique qu'elle inclut. Le meurtre de l'Orient Express en est un bon exemple : le public s'attend à une fin moralement juste, mais il est laissé dans l'angoisse juste après le point culminant. Dans Mort sur le Nil, l'auteure a utilisé la surabondance de lieux touristiques étrangers à leur plein avantage en les incorporant pleinement dans le contexte de l'intrigue.

Son chef-d'œuvre, And Then There Were None, illustre sa capacité à mêler suspense psychologique et conflits éthiques, témoignant ainsi de son génie inégalé. Les prouesses littéraires de Christie évoluent avec chaque nouvelle publication, ce qui fait d'elle une pionnière du roman policier. En outre, ses nouvelles mettant en scène des personnages comme Miss Marple et Hercule Poirot ont enrichi son héritage. Par ailleurs, l'influence de Christie a dépassé les pages des livres puisque ses romans ont été adaptés au théâtre, au cinéma et à la télévision. Le succès durable de ses œuvres réside dans le fait qu'elles peuvent plaire à des personnes de différentes époques et qu'elles continuent d'être aimées par des lecteurs du monde entier. L'exploration chronologique de ses œuvres majeures nous permet de mieux comprendre ses contributions phénoménales à la littérature et de mieux apprécier son statut de reine incontestée du roman policier.

Partenariats et collaborations littéraires

Si la carrière d'Agatha Christie en tant qu'écrivaine se caractérise par ses réalisations, elle se définit également par ses collaborations et partenariats avec d'autres auteurs et professionnels du secteur. Tout au long de sa carrière, Agatha Christie a participé à plusieurs projets de collaboration qui ont élargi ses horizons d'écriture et donné plus de profondeur à son travail. L'une de ses collaborations les plus mémorables a été celle avec Sir Arthur Conan Doyle, l'homme qui a écrit Sherlock Holmes. L'union de ces deux titans de la littérature a donné lieu à la rencontre de Hercule Poirot et de Sherlock Holmes dans L'aventure du pudding de Noël, décrite dans un concours de nouvelles entre les deux. Ce partenariat était le premier du genre. Elle a fusionné pour la première fois deux détectives littéraires issus de mondes différents, un véritable régal pour les lecteurs des deux auteurs. Par ailleurs, sa collaboration avec des dramaturges de renom comme Agatha Christie et Josephine Tey a permis des adaptations réussies de ses œuvres pour la scène. Leur maîtrise de l'écriture théâtrale complétait parfaitement la prose complexe et la narration exquise de Christie, donnant lieu à des chefs-d'œuvre qui continuent de captiver le public dans le monde entier. Par ailleurs, les partenariats pionniers de Christie ont dépassé le cercle créatif pour s'étendre à ses éditeurs et rédacteurs en chef, élargissant ainsi son champ d'action. Elle a pu collaborer avec des professionnels raffinés. En travaillant en étroite collaboration avec l'équipe d'édition de William Collins & Sons (aujourd'hui Harper-Collins), elle a pu améliorer ses manuscrits, concevoir de nouvelles approches marketing et élargir son public. La symétrie entre l'auteur et l'éditeur a contribué à l'héritage vivant de Christie et au succès continu de ses œuvres littéraires. Christie's a également collaboré avec des illustrateurs et des artistes de couverture, contribuant ainsi à définir l'esthétique générale de ses œuvres. Ces partenariats, y compris les jaquettes emblématiques et les représentations de personnages, ont amélioré l'expérience de lecture et transformé ses romans en objets de collection. En d'autres termes, la créativité soutenue d'Agatha Christie avec d'autres écrivains et professionnels de l'industrie lui a permis d'améliorer le monde littéraire. Elle a fait œuvre de pionnière en montrant ce que signifie s'appuyer sur de nombreux créateurs différents pour raconter des histoires inspirantes et a changé la perspective du monde sur la littérature.

Affiner la formule du mystère : Une évolution continue

Au cours de sa carrière d'écrivain, Agatha Christie a adapté et amélioré le genre du roman policier, ce qui a eu un impact durable sur la littérature. L'évolution de son style s'est manifestée dans l'écriture, la conception de l'intrigue et le développement des personnages, ce qui montre qu'elle était toujours à la recherche de la perfection. Christie a minutieusement élaboré son œuvre en glissant des indices élaborés et trompeurs à l'intérieur d'indices, ce qui a captivé les lecteurs par ses énigmes incomparables. Elle avait un talent inégalé pour équilibrer la complexité critique et la compréhensibilité de base, ce qui perpétue sa pertinence aujourd'hui. Cette composition magistrale de l'histoire, associée à son expérimentation du point de vue, a ajouté des couches au récit, construisant l'intrigue et consolidant sa place dans la littérature.

En outre, l'éventail des lieux et des thèmes abordés par Christie a modifié le paysage du roman policier moderne. Des villes anglaises ennuyeuses aux nouveaux lieux dynamiques, son imagination et sa capacité à « peindre avec des mots » ont grandement amélioré sa narration et préparé le terrain pour des mystères complexes. Par ailleurs, ses romans mettent en scène des thèmes tels que la psychologie humaine, la moralité, la structure sociale et bien d'autres idées avancées, qui ont permis à ses histoires de trouver un écho auprès d'un large public. Les changements incessants dans la formule des romans policiers de Christie ont montré sa flexibilité et sa volonté d'explorer de nouvelles frontières dans le genre. Elle s'est également habilement adaptée aux changements survenus dans le reste de la littérature en incorporant des éléments modernes aux romans policiers classiques. Tout en embrassant les changements sociétaux et les avancées technologiques, l'essence de sa narration intemporelle est restée intacte.

En outre, l'attention portée par Christie au développement des personnages a placé la barre plus haut pour le genre. Avec Hercule Poirot et Miss Marple comme détectives principaux, les protagonistes de Christie ont connu une évolution remarquable et complexe, au-delà du simple changement attendu d'un détective. Les lecteurs ont pu approfondir leur lien avec ces personnages complexes, qui ont été confrontés à des défis et ont subi des changements dans chaque épisode.

En résumé, l'astuce de Christie a jeté les bases du genre actuel en perfectionnant sa formule de mystère et en faisant évoluer sa narration. Elle a changé ce que le reste du monde considérait comme nécessaire, et ce, bien au-delà du passé. Son innovation inébranlable et son mélange de traditions lui ont permis de laisser un héritage impérissable dans le genre.

Remarques finales : la construction d'un héritage

Après avoir analysé l'œuvre d'Agatha Christie et ses jalons, il apparaît clairement que son dévouement absolu au roman policier a profondément influencé l'histoire linéaire de ce genre. Son héritage repose sur la structure évolutive des romans policiers. L'art de Christie, qui mêle des personnages captivants, des intrigues complexes et des récits pleins de suspense, continue de façonner l'industrie littéraire.

L'inspiration de Christie va au-delà de ses écrits et touche le grand public, une multitude d'écrivains, de réalisateurs et de fans. Tout au long de sa carrière d'écrivain, un mélange d'intelligence et de créativité lui a permis de dépasser les limites existantes des histoires policières et de poser de nouveaux jalons que les écrivains visent encore aujourd'hui.

Outre son œuvre écrite, Christie a réussi à définir des normes sociales et culturelles, mettant en évidence la présence de son héritage. Ses récits lui ont permis d'aborder des thèmes complexes et des détails sociétaux, tout en redéfinissant la perception humaine grâce à une perspective profonde et perspicace. La beauté de son travail réside dans le fait qu'il peut être apprécié à tout moment.

Son héritage est presque synonyme d'Hercule Poirot et de Miss Marple, et il est difficile de dissocier son œuvre de l'impact de ces personnages sur la culture populaire. Dans le monde entier, les gens les reconnaissent et se souviennent d'eux comme de figures exemplaires de la détection, de l'intelligence et de la détermination inébranlable. Leur présence dans les œuvres de Christie ne répond pas seulement à l'appétit de divertissement de ses adeptes, mais les éduque également sur la nature humaine et la moralité.

Il est de notoriété publique que Christie était et reste inégalée dans le domaine de la littérature policière, et que ses œuvres sont intemporelles. Cet amalgame de fiction, de maîtrise littéraire et de subtilités culturelles rend ses œuvres uniques. Le fait que ses lecteurs n'aient pas épuisé ses œuvres jusqu'à aujourd'hui prouve que l'exploration de ses œuvres alimente la curiosité et l'imagination, et encourage son public à se livrer à une réflexion personnelle.

D'une certaine manière, les œuvres et les réalisations antérieures d'Agatha Christie continuent à servir de jalons pour les auteurs et les lecteurs ultérieurs. Ses contributions au monde littéraire nous montrent la fascination qui se cache derrière les mystères, l'art de tisser des histoires et l'imagination humaine sans limites. Dans ses chefs-d'œuvre, elle nous entraîne dans des mondes énigmatiques où les secrets sont enfouis et attendent d'être découverts.

4

Démêler l'écheveau

La tromperie et la psychologie humaine dans son travail

Introduction aux couches psychologiques de Christie

Christie réussit à écrire de façon magistrale en explorant et en appliquant les multiples facettes de la psychologie des motifs, qui, avec une perspicacité remarquable, se reflète dans ses œuvres. La psychologie n'a jamais échappé à son attention ; elle l'a saisie à travers des détails médico-légaux, recevant des éloges pour son art qui n'a jamais connu de stagnation. Dans chaque histoire, des motifs complexes de crime et d'irrationalité nous incitent à apprendre de nouvelles définitions de la pensée. La psychologie qui se cache derrière les motifs et les crimes nous coupe le souffle grâce à chaque construction intelligente. En tant que lecteurs, nous sommes des voyageurs dans le monde créé par Agatha, où son étonnante capacité à mettre un stylo sur le papier transforme les motifs en soupçons qui sillonnent des routes mystérieuses entrelacées avec le glamour du raisonnement. Agatha a mis en scène à la fois la médecine et le cataplasme de l'émulation et de l'autoscepticisme, mettant en lumière les profondeurs de l'auto-admonition à travers le prisme de la tromperie à plusieurs niveaux, qui encapsule les frontières autour d'une profonde complexité qui est morte à première vue. Chaque personnage repousse les limites de la psychologie, tandis que le sentiment sous-jacent capture l'attente unie vers un seul but, admonesté par le récit élaboré qui désintègre les normes définies au préalable.

De plus, l'exploration nuancée par Christie de l'effet du traumatisme sur la mémoire et la construction de l'espace et de l'identité apporte une profondeur supplémentaire à ses récits, les distinguant des romans policiers ordinaires. En intégrant de tels facteurs psychologiques multidimensionnels, Christie ne se contente pas d'enchanter son public, mais présente également les captivantes perplexités de la nature humaine. À travers ses œuvres, les lecteurs sont invités à s'intéresser aux vérités fondamentales et aux complexités déroutantes de la nature humaine, suscitant un sentiment d'émerveillement et de découverte. C'est pourquoi cette introduction est adaptée à la riche exploration des fascinantes nuances psychologiques de la littérature d'Agatha Christie.

L'art de la tromperie : Méthodes et mécanismes

L'art de la tromperie est au cœur de la grandeur d'Agatha Christie en tant qu'autrice de romans policiers. Les techniques et les dispositifs qu'elle a mis au point pour créer des réseaux complexes de mensonges ont modifié de façon permanente le genre policier. L'une de ses principales armes est l'altération de la perception, souvent obtenue par un contrôle sélectif de l'information. Tout en guidant ses lecteurs dans des labyrinthes complexes de doutes et d'incertitudes, Christie révèle des fragments sélectifs de vérité. Ainsi, la véritable essence du mystère est paradoxalement obscurcie, mais étonnamment à portée de main. Le sentiment d'accomplissement que l'on éprouve en déchiffrant ces réseaux de mensonges témoigne de l'habileté de Christie et de l'engagement du lecteur.

Par ailleurs, personne d'autre ne pratique la psychologie ou la fausse piste comme le fait Christie. Elle décrit les gens au lecteur d'une manière particulière, si bien que ce dernier conclura bien avant que toutes les preuves n'aient été présentées. Les conclusions sont ensuite renversées, ce qui montre à quel point nous pouvons être induits en erreur lorsque nous essayons de penser trop vite, alors que la réalité est bien plus complexe. Cette façon de guider les perceptions et les sentiments du lecteur donne plus de poids à la chute finale, que le lecteur rencontre et qui le fait réfléchir profondément pendant un certain temps après avoir lu la dernière ligne.

Un autre exemple de l'art trompeur de Christie est sa capacité à changer de perspective narrative avec autant de talent. Dans chacune de ses œuvres, elle utilise habilement des narrateurs peu fiables ou multiples pour cacher la vérité sous laquelle l'histoire est enveloppée de multiples couches d'incertitude. Cette perturbation intentionnelle de l'écart évident entre la vérité et la fiction oblige le lecteur à travailler dur pour suivre l'histoire, et l'invite à trouver la vérité par de nouvelles voies logiques qui ne sont pas liées aux limites de la raison.

En plus des stratégies déjà évoquées, Christie incorpore de façon transparente des éléments d'égarement dans les aspects physiques de ses récits. Des lieux qui semblent calmes et réconfortants au début se transforment en endroits sinistres et menaçants, et des objets apparemment banals peuvent s'avérer cruciaux pour résoudre le crime. Ces éléments contextuels profondément planifiés ajoutent une nouvelle couche de tromperie spatiale élaborée par l'esprit méticuleux de Christie, illustrant son habileté à manipuler les motivations et les perceptions des personnages et des lecteurs.

En conséquence, la tromperie devient un motif explicite

dans les écrits de Christie, mettant en évidence non seulement l'esprit de Christie en matière de narration, mais aussi la profondeur de sa compréhension des concepts sous-jacents de l'esprit humain. En adoptant une telle approche, elle place son public dans un mélange de réalité et de fantaisie, pour ensuite l'amener à différencier la vérité du mensonge, le tout submergé de complexité et d'énigmes.

Le jeu de la vérité et de l'illusion

Les célèbres œuvres d'Agatha Christie mettent TOUJOURS l'accent sur l'équilibre entre la vérité et l'illusion en tant que thème central. Compte tenu de la myriade de couches et de complexités impliquées, elles ne peuvent que faire réfléchir le public. Christie a un don remarquable pour écrire des histoires qui mêlent réalité et tromperie, ce qui fascine toujours son public qui comprend les complexités de la psychologie humaine imprégnée de réalité. Chaque mensonge tissé par les personnages de Christie conduit à un tout nouveau monde de possibilités. Cette exploration, qui est centrée sur les mensonges, montre à quel point les choses peuvent paraître trompeuses et détourner à la fois les personnages et les lecteurs de leur chemin. Comme toujours, les mystères de Christie saisissent habilement l'équilibre entre la vérité et la fiction à travers chaque rebondissement de l'intrigue pour explorer la façon dont les mensonges affectent les gens et la société.

Dans « The Interplay of Truth and Illusion », l'une des réflexions les plus profondes sur les interprétations erronées et les suppositions déplacées est étudiée en détail. Christie présente aux lecteurs plusieurs personnages pris dans des mensonges et des illusions tout au long de ses histoires. Parallèlement à cette complexité, elle expose les motifs, les intentions et la frontière ténue entre perception et réalité. L'art du récit de Christie invite les lecteurs à se perdre dans des paysages cartoonesques complexes et étranges tout en réfléchissant à leur susceptibilité aux tromperies.

En outre, « The Interplay of Truth and Illusion » sert de point de départ à l'exploration de la confiance et du doute dans une relation. L'œuvre de Christie montre comment les mensonges interfèrent et creusent les plis, même dans les interactions les plus authentiques en apparence, ce qui a pour conséquence de déchirer les liens de l'humanité. Ce faisant, les lecteurs sont contraints d'examiner les notions de frêles certitudes qu'ils croyaient rassurantes et le niveau de force requis pour tenir dans un monde où la réalité et la tromperie se disputent le contrôle.

En équilibrant les multiples facettes de la psychologie humaine et les dilemmes éthiques, les récits entrelacés de Christie mettent en évidence le jeu de la vérité et de la tromperie concernant l'existence de l'homme. L'interaction de la vérité et de l'illusion » réunit l'essence des récits de Christie et invite son public à réfléchir sur la signification de la vérité, du moi et du cycle inéluctable de la réalité et des faux-semblants. En explorant les paysages vivants des récits de Christie, les lecteurs entreprennent un voyage introspectif pour redéfinir leur compréhension de la nature humaine, de la tromperie et de la profondeur psychologique, en contemplant la nature délicate mais solide de la vérité enveloppée dans un monde trompeur.

Profilage de l'esprit criminel

Agatha Christie a introduit l'analyse psychologique dans son travail en établissant des profils et en analysant le comportement des criminels. Elle a des motivations uniques basées sur des tendances humanistes réelles. Dans ses histoires, elle jette un coup d'œil sous la peau de la couche externe de la psyché d'un criminel, en examinant son enfance, son éducation, les influences de la société et les expériences personnelles qui peuvent façonner son penchant pour le crime. En mettant en avant les rationalisations et les justifications des antagonistes, elle oblige ses lecteurs à réfléchir au-delà des limites de la loi et de la morale en termes de crime, de culpabilité et de rédemption. Ses œuvres sont des thrillers extrêmes qui laissent entrevoir la nature profonde de l'être humain. En outre, les criminels de Christie ne sont pas des personnes ordinaires et bornées. Elle dépeint un large éventail de personnes mal intentionnées, liées par des raisons et des motifs distincts qui les rendent maléfiques. Qu'il s'agisse d'avarice, d'envie ou de vengeance. L'auteure dresse des portraits psychologiques complexes qui dévoilent les puissants motifs qui sous-tendent les actions des antagonistes, rendant ainsi ses personnages crédibles.

Cette approche unique de l'équilibre de la psyché criminelle et du réalisme qui s'y rattache fait des romans de Christie bien plus que de simples polars, les élevant au rang de remarquables explorations de la nature humaine et de la déviance. Elle ne se contente pas de divertir et d'étonner ses lecteurs, elle les encourage également à réfléchir aux questions fondamentales de la moralité et de l'empathie en analysant la psyché des criminels. Dans l'ensemble, le profilage perspicace de l'esprit criminel dans l'œuvre d'Agatha Christie reflète son étonnante maîtrise de l'élucidation de la psyché humaine et invite les lecteurs à réfléchir à la nature des actes répréhensibles et à la vulnérabilité de l'esprit humain.

Motivations et moralité : Le dilemme éthique

Dans les intrigues intrigantes d'Agatha Christie, le concept de motifs et de moralité se transforme en une arène pleine d'énigmes à résoudre. L'épicentre de la plupart des romans d'Agatha Christie est l'interrogation la plus ancienne : « Qu'est-ce qui pousse un être humain à commettre des crimes ? », révélant l'enchevêtrement de la psychologie humaine et du raisonnement moral. La description des personnages confrontés à l'aspect à la fois tentant et dangereux de leurs valeurs morales témoigne de la perspicacité de Christie quant à la nature humaine.

En outre, les motifs multidimensionnels de Christie dans ses intrigues révèlent des périodes de dévoilement psychologique qui expliquent ce qui pousse les gens à prendre des mesures dangereuses. Qu'il s'agisse de ressentiment, de vengeance ou de jalousie, elle met un point d'honneur à ce que les lecteurs comprennent toutes les raisons qui poussent un individu à dépasser les limites fixées par la société et ce qui est considéré comme moral.

Le dilemme éthique ne se limite pas aux crimes mentionnés ci-dessus. Il en va de même pour les détectives et les lecteurs. Christie amène le lecteur dans les espaces vides de la morale d'une personne et remet en question ses actions à travers l'ambiguïté de contextes spécifiques, dépassant les limites existantes du bien et du mal. En compliquant la moralité dans ses récits, elle en approfondit le sens, transcendant finalement son œuvre au-delà du simple divertissement pour la transformer en une contemplation de l'humanité qui incite à la réflexion.

En outre, l'exploration des motivations et des considérations éthiques mêle les lignes d'un récit fascinant à une compréhension stupéfiante du comportement humain. En présentant la nature complexe des motifs et de la moralité, Christie amène le lecteur à réfléchir aux aspects psychologiques de l'humanité. Cette comparaison brutale tend à attirer l'attention sur les activités criminelles et les choix de chacun, en combinant les facteurs qui façonnent les décisions et les dilemmes qui remettent en question l'humanité de chacun.

En fin de compte, en enquêtant sur les motivations et la moralité, Agatha Christie tisse une toile profonde de dilemmes éthiques qui dépassent les limites de ses histoires, résonnant profondément avec les lecteurs et les invitant à réfléchir à l'interaction délicate des motivations et du jugement moral dans le monde réel.

La manipulation psychologique : Plus qu'une simple intrigue

Dans l'œuvre d'Agatha Christie, la manipulation psychologique est plus qu'un simple élément d'intrigue. C'est un élément clé de sa narration captivante. Les intrigues de Christie, avec leurs personnages, leurs dialogues et leurs situations, témoignent de sa profonde compréhension de la psychologie humaine. Le récit crée une ambiguïté troublante autour des émotions, des motivations et des perceptions, entraînant le lecteur dans une expérience immersive à la fois captivante et prenante.

Le brouillage des lignes concernant les émotions, les motivations, les perceptions et l'authenticité révèle de manière complexe l'ordre masqué par le chaos. C'est l'essence même de la manipulation psychologique. L'habileté avec laquelle Christie construit la confiance pour garantir la trahison intrigue le lecteur et l'amène à réfléchir aux événements qui se déroulent alors qu'il cherche à démêler l'écheveau du chaos formé par la manipulation de

Christie.

En outre, les études de Christie sur la manipulation psychologique vont au-delà du cadre des romans policiers. Elle examine les profondeurs de l'esprit humain et découvre les vulnérabilités qui rendent une personne influençable. Ses personnages sont des pions piégés dans une situation psychologiquement précaire, soulignant la fragilité de la psyché humaine et la facilité avec laquelle celle-ci peut être contrôlée.

Christie propose une critique convaincante de la dynamique du pouvoir dans les relations grâce à sa connaissance approfondie des comportements et des techniques de conditionnement. Qu'il s'agisse d'une influence douce, d'une intimidation tactique ou d'un levier émotionnel, ses personnages emploient des stratégies psychologiques qui reflètent des interactions authentiques, obligeant les lecteurs à s'interroger sur l'étendue de la manipulation au sein de la société.

En d'autres termes, la manipulation psychologique dans les œuvres d'Agatha Christie ne se limite pas aux stratégies narratives, mais révèle des aspects troublants du comportement humain. Elle oblige les lecteurs à réfléchir à la dure réalité de l'exposition psychologique et les incite à considérer leur capacité à franchir les limites comportementales. La manipulation d'éléments psychologiques par Christie transforme ainsi ses œuvres d'un simple divertissement en une littérature profonde, faisant d'elle une figure de proue dans les profondeurs de la conversation psychologique.

Stratégies narratives : Les faux-fuyants et les fausses pistes

Un mystère captivant nécessite un développement approfondi des personnages et des intrigues, mais les faux-fuyants et les fausses pistes doivent être utilisés de la même manière. On sait qu'Agatha Christie adorait ce genre et qu'elle utilisait ces stratégies pour charmer ses lecteurs et les captiver jusqu'à la fin du texte. Les faux-fuyants sont les miettes de pain qui conduisent le lecteur sur de fausses pistes pour l'induire en erreur, et la fausse piste se définit comme le fait de détourner l'attention de la solution réelle. Les intrigues de Christie reposent sur la manipulation de ces éléments pour créer du suspense et de l'intrigue. C'est grâce aux faux-fuyants et aux fausses pistes que la superbe planification et l'exécution de Christie confondent et divertissent les lecteurs. Avec sa marque de fabrique, Christie atteint un nouveau niveau de maîtrise, orchestrant avec précision la façon dont son public est guidé pour résoudre l'énigme tout en étant charmé par les informations erronées qu'il reçoit. Ce qui m'a le plus plu, c'est la façon dont elle a réussi à maintenir son public dans l'erreur tout en le captivant. De ce point de vue, le lecteur peut être induit en erreur tout en cherchant à discerner la vérité.

Par exemple, dans « Le meurtre de Roger Ackroyd », l'identité du meurtrier est habilement dissimulée par l'utilisation d'une fausse piste, ce qui amène le lecteur à soupçonner un autre personnage. De même, dans Meurtre dans l'Orient Express, Christie utilise la fausse piste pour détourner l'attention de la véritable solution, créant ainsi un récit convaincant et surprenant. En utilisant des faux-fuyants et des fausses pistes, Christie a démontré son talent narratif en insufflant de la vie dans ses mystères, qui nécessitent une appréciation profonde plutôt qu'une résolution mécanique. Ces caractéristiques ont mis en évidence sa compréhension psychologique aiguë des lecteurs et de leurs instincts primaires. En utilisant des faux-fuyants littéraires et des fausses pistes, Christie a su attiser le suspense et renforcer l'impact des surprises, garantissant ainsi une résolution satisfaisante. Cette orchestration renforce sa réputation d'auteur de suspense magistral tout en renforçant la fascination qui entoure son œuvre. Sa narration sophistiquée oblige les lecteurs à s'intéresser à ses œuvres à de multiples niveaux, révélant ainsi leur nature intemporelle, l'art de Christie traversant les genres du crime et du mystère. Une analyse approfondie démontre sa brillante capacité à créer une structure narrative solide dans laquelle les faux-fuyants tissés dans l'intrigue servent d'accessoires qui transcendent les frontières littéraires, établissant ainsi sa succession en tant que reine inégalée du crime.

Complexité des personnages : Au-delà du bien et du mal

Les œuvres d'Agatha Christie mettent en scène des personnages complexes, ni franchement bons ni franchement mauvais. Ils témoignent au contraire d'un grand équilibre et d'une bonne compréhension de la nature humaine. Avec le style qui la caractérise, elle équilibre des personnages pleins de contradictions et d'archétypes, rédempteurs ou condamnables ; Christie propose ainsi des explorations simplistes de la psyché humaine.

Les protagonistes et les antagonistes de Christie intègrent une nouvelle structure concernant le système de moralité, dépeignant les caractéristiques du bien et du mal. En décrivant les luttes au sein des êtres humains, leurs peurs et leurs aspirations, Christie jette un sort qui dépeint la faiblesse et la force des êtres humains. De l'astucieux Hercule Poirot à la superficielle Miss Marple, ces personnages sont racontables dans différents contextes parce qu'ils mélangent le bien et le mal.

En outre, les personnages de Christie vont au-delà de simples dispositifs d'intrigue ; ils expriment les détails complexes de l'humanité. Leurs actions et leurs motivations obligent les lecteurs à considérer les complexités éthiques, comportementales et sociétales auxquelles une personne peut être confrontée. L'incompatibilité de tant de traits au sein d'un même personnage est peut-être l'une des façons les plus profondes d'examiner la nature et la complexité de l'humanité.

En outre, le conflit entre le bien et le mal est mis en évidence de manière frappante à travers les interactions des personnages, ce qui permet au public d'analyser la lutte fondamentale. Chaque affrontement met en évidence la moralité individuelle sur fond de réalités environnantes, défiant les dualités tranchées et décrivant plutôt une densité sophistiquée dans la confrontation morale. Cette « densité sophistiquée » fait référence à la nature complexe et nuancée des dilemmes moraux des personnages, où de multiples émotions et motivations s'entrechoquent. Au fil d'une histoire captivante, pleine d'introspection et de contemplation sur le réseau complexe et enchevêtré des émotions qu'ils ressentent, les personnages sont contraints de se confronter à leur propre morale et aux normes sociétales qui façonnent leurs actions.

Les histoires de Christie plongent dans la vie de personnages qui, comme les lecteurs, se débattent avec des questions morales, se confrontent à eux-mêmes et changent continuellement. Ces délicats voyages intérieurs de l'âme humaine reflètent plus que le monde fictif du divertissement et fournissent des explications utiles sur l'équilibre entre le bien et le mal dans la vie humaine. À travers la myriade de personnages de l'univers de Christie, c'est dans cet univers que les lecteurs subissent une métamorphose, comprenant la nature multiforme du bien et du mal qui ne peut tout simplement pas être réduite à une opposition binaire.

L'impact de l'environnement sur le comportement humain

Les différents environnements influencent les actions et les tendances de l'homme, et Agatha Christie a intimement compris cet équilibre qu'elle a mis en évidence dans ses écrits. Des paisibles villages anglais aux somptueuses grandes propriétés, Christie utilise avec brio l'impact psychologique de l'environnement sur le comportement des personnages. Dans chacun de ses récits, le décor joue le rôle d'un acteur puissant qui détermine le comportement et les intentions des gens. Chaque lieu, qu'il s'agisse de l'île isolée de Et puis il n'y avait personne ou du train bondé de Meurtre dans l'Orient Express, est un personnage central dans la toile du comportement humain.

En outre, Christie mêle étroitement les normes sociales, les relations interpersonnelles et les contextes historiques dans des lieux qui façonnent de manière significative l'esprit humain. Les différences sociologiques entre les villes, l'impact de la stratification sociale, le lieu et la manière dont l'action s'est déroulée sont essentiels à la construction d'un personnage. En reliant tous ces éléments, Christie plonge dans les profondeurs de l'humanité, illustrant le fait que l'homme est fortement influencé par le contexte et l'environnement qui l'entourent.

De plus, les descriptions vivantes de ses récits transportent les lecteurs dans des lieux et des époques différents, tout en révélant des complexités morales chargées de conflits psychologiques.

Le ton épouvantable des paysages et de l'architecture suscite un profond malaise, ce qui met en évidence les effets de l'environnement sur l'esprit. Dans ses romans, Christie décrit avec vivacité le cadre afin d'amener les lecteurs à réfléchir aux effets des facteurs moraux, éthiques, des normes et du raisonnement irrationnel sur la conduite.

Dans ce contexte, nous percevons les talents littéraires exceptionnels de Christie. Chacun de ses décors est richement détaillé et ne sert pas seulement de toile de fond à ses histoires émouvantes ; il sert à façonner activement la psychologie des personnes qui l'habitent. Les lecteurs traversent des environnements richement développés qui les obligent à comprendre la nature complexe de l'humanité et l'interdépendance entre les personnes et les lieux. Sa maîtrise du tissage de divers environnements et de l'exploration de la dynamique de leurs relations continue de ravir le public et de définir et d'affirmer le statut de Christie en tant que maître d'une littérature sophistiquée qui intègre une psychologie sophistiquée et vice versa.

Conclusion : L'évolution de l'intrication

En revisitant l'œuvre intemporelle d'Agatha Christie, il est facile d'apprécier sa compréhension sophistiquée du comportement humain et des relations. Christie s'est inspirée de l'art de la tromperie et a créé des intrigues imprégnées d'une construction complexe des personnages, d'interactions sociales et de subtilités psychologiques. Au-delà de la fiction policière, l'œuvre de Christie est un puzzle complexe de la psyché humaine en évolution, mettant en évidence sa capacité à peindre des mystères multidimensionnels réalistes.

Le parcours de Christie en tant qu'auteur en devenir permet de mieux comprendre l'intégration de la complexité et des détails, le polissage de ses premiers travaux et, en fin de compte, l'acquisition d'une plus grande maîtrise dans ce qui deviendra plus tard ses romans renommés. Ses premières histoires semblaient plus simples, tournant autour de séquences d'intrigues truffées de tromperies astucieuses. Avec le temps, Christie a commencé à offrir une vision plus profonde de la moralité et a dépassé les attentes grâce à ses dilemmes éthiques combinés à des motivations et des actions complexes. La beauté de ses histoires surréalistes réside dans leur transcendance à travers le temps et les époques, et dans leur capacité à refléter des concepts intemporels de l'humanité, quel que soit le genre.

Rétrospectivement, la compréhension aiguë de la complexité de Christie va au-delà des détails et s'étend au potentiel de son œuvre dans son ensemble, au-delà des thèmes et des personnages présentés individuellement.

Elle englobe le cadre sociétal changeant dans lequel se déroulent ses histoires. L'évolution de la criminalistique et de la criminologie, la construction du genre et des normes sociales dans la société, et la représentation du genre et des normes sociales sont autant d'éléments qui contribuent à une dynamique de genre complexe. Sa maîtrise en tant que conteuse façonne involontairement les expériences de vie des personnes avec lesquelles ses lecteurs sont susceptibles de s'identifier étroitement.

Ses récits montrent clairement qu'Agatha Christie n'est pas seulement une habile maîtresse des intégrations déguisées, mais qu'elle est aussi assez intelligente pour appliquer diverses couches de compréhension des émotions humaines sur les plans psychologique et sociologique en créant des fantasmes élaborés. Indépendamment des limites imposées par la littérature policière classique, les textes d'Agatha tendent à dévoiler de nouvelles dimensions ainsi que d'innombrables possibilités d'étude, ce qui rend son œuvre inépuisablement attrayante. Au fur et à mesure que l'on s'enfonce dans les méandres de Christie, on observe les nuances de l'histoire et on trouve des réponses à des questions intemporelles.

5
Poirot, Marple et les personnages emblématiques

Construire des légendes

Origines et inspirations : La création de détectives intemporels

Les origines des détectives d'Agatha Christie peuvent être considérées comme intemporelles, car elles révèlent la riche mosaïque d'influences qui ont marqué ses œuvres. L'intérêt de Christie pour la psychologie et la résolution de crimes remonte à ses années de formation, lorsqu'elle observait attentivement des dissections sociales sophistiquées, qui ont influencé son comportement et sont devenues des éléments fondamentaux de ses récits par la suite. En tant que préparatrice en pharmacie pendant la Première Guerre mondiale, elle a acquis une grande expérience des poisons et des médicaments, qui se sont retrouvés dans ses récits de meurtres et de morts mystérieuses. En outre, les voyages qu'elle a effectués avec son second mari, Max Mallowan, sur les sites archéologiques du Moyen-Orient, l'ont non seulement exposée à une myriade de cultures et de coutumes, mais lui ont également permis d'enrichir les intrigues internationales qui émaillent ses récits.

De même, l'impact de son enfance à Torquay, avec sa topographie charmante et ses habitants sociables, lui a donné un aperçu précieux de la nature humaine, qu'elle a utilisé pour développer les divers personnages complexes qu'elle a créés. C'est à partir de ces cultures distinctes que Christie a créé Hercule Poirot et Miss Marple. Elle leur a donné des personnalités uniques, des manies et des façons de résoudre les mystères qui séduisent toujours les lecteurs et les publics du monde entier. La fascination de Christie pour l'ordre, la précision et l'intellect se retrouve dans le détective belge fastidieux, Poirot, qui présente ces caractéristiques ainsi qu'une compréhension inégalée de la nature humaine. En revanche, la croyance de Christie dans le pouvoir de l'observation silencieuse et la sagesse sous-estimée des femmes âgées est illustrée par Miss Marple, qui, avec son comportement doux, révèle une compréhension peu commune du comportement humain.

Les personnages d'Agatha Christie ne sont pas seulement le produit de son imagination, mais aussi le reflet de la société qu'elle observait attentivement. Ses récits sont enrichis par les détails psychologiques complexes qu'elle a recueillis au cours d'une vie d'études immersives. Les détectives intemporels qu'elle a créés, comme Hercule Poirot et Miss Marple, continuent de capter l'attention des gens dans le monde entier, ce qui témoigne de la fusion d'un contexte historique précis, d'expériences personnelles et d'une profonde compréhension de la nature humaine que Christie a apportée à ses écrits.

Hercule Poirot : La conception d'un esprit méthodique

L'excellente création d'Agatha Christie, Hercule Poirot, n'a pas son pareil dans l'univers de Christie. Le mélange d'un esprit discipliné et d'un sens aigu du détail a donné naissance à Poirot, qui se suffit à lui-même pour réserver un passage sur n'importe quel navire naviguant dans les eaux philippines ! Tout au long des nombreuses aventures de Poirot, Christie réfléchit méticuleusement à sa méthode de construction de l'intrigue, qui nécessite un sens aigu de l'enquête et une attention particulière aux détails. Pour la consommation de l'image française, le personnage a été sculpté à partir des expériences de Christie lorsqu'elle travaillait dans un dispensaire et côtoyait des réfugiés belges vers la fin de la Grande Guerre. Aussi énigmatique que l'évolution des talents d'écrivain de Christie, Poirot l'était aussi. Au fil des ans, son caractère s'est considérablement développé, accompagnant les changements sociétaux à travers le monde.

Ce Belge, connu pour être l'un des personnages les plus élégants du roman policier, a voyagé en Angleterre, où il a réussi à créer dans son imagination un ensemble de soutiens-gorge et de gaines. Stylisé jusqu'au bout des ongles, Poirot, avec ses manières fastidieuses, a réussi à se fondre dans la société avec une relative aisance. L'explosion de la pandémie de la covid-19 a stimulé les travaux de construction en Angleterre, ce qui a donné lieu à des rues remplies de merveilles structurelles. En parallèle, les pensées de personnes âgées et fragiles résonnaient dans les rues, s'abstenant de sortir par une chaude journée d'été, toutes prêtes à se fondre dans la nouvelle fascination de l'Angleterre : les grèves industrielles, tandis que les frontières restaient fermées.

Après ses débuts dans La mystérieuse affaire de Styles, Poirot n'a plus jamais regardé en arrière. Tout au long des romans de Christie, elle a semé des fragments de réalité dans sa fiction, captivant le cœur des lecteurs du monde entier.

Les manières uniques de Poirot et son esprit aiguisé se combinent parfaitement avec la structure de l'intrigue de l'histoire, s'inscrivant ainsi dans la littérature intemporelle. De plus, son influence va bien au-delà de l'écrit puisque son personnage a été adapté au théâtre et à l'écran, affirmant ainsi son statut légendaire dans le domaine du roman policier. La déclinaison de son personnage sous diverses formes lui permet d'attirer de nouveaux fans tout en renforçant sa position parmi les adeptes chevronnés. En créant Hercule Poirot, Christie a rehaussé l'art du roman policier et nous a fait découvrir les luttes de l'humanité, changeant à jamais le monde de la littérature.

Miss Marple : L'observatrice à la fois douce et perspicace

Avec Miss Jane Marple, une création inépuisable d'Agatha Christie, nous apprécions la capacité de l'auteur à capturer l'esprit de la gentille femme rusée. Vivant dans le paisible petit village de St. Mary Mead, elle s'intéresse activement aux gens et dénoue les situations difficiles grâce à son intuition et à sa perspicacité psychologique. Contrairement à Poirot, elle utilise la connaissance des personnes et des situations plutôt que l'abstraction et la déduction. C'est ce qui rend son personnage assez différent dans le monde des romans policiers. La passion de Miss Marple pour les tromperies et les crimes quotidiens dans la vie des gens ordinaires nous fait comprendre qu'elle est ancrée dans l'existence plutôt qu'au-dessus d'elle. Ainsi, les lecteurs obtiennent un aperçu intéressant de la nature humaine profondément ancrée et des problèmes qui se cachent sous la surface de la vie quotidienne. L'énigme de la recherche et de l'identification d'un coupable est complétée par les rencontres de Marple avec différents types de personnes. Grâce à ces interactions, Christie explore les relations sociales, le rôle des personnes et les relations entre les veuves en goguette, et arrive à un réalisme charmant. Il suffit de dire que Christie a incorporé une riche réalité à son imagination parce qu'elle a accordé une attention exceptionnelle aux personnalités, à la prose et aux autres personnages qui rencontrent Miss Marple.

L'attention inébranlable qu'elle porte aux détails dans chaque affaire démontre la résolution et la détermination qui sont synonymes du caractère de Miss Marple. On notera, par exemple, que le style de Christie, à la fois tendu et charmant, lorsqu'elle dépeint les affaires de Miss Marple, est délicieux et reste toujours aussi séduisant. Cette combinaison de chaleur, de sagesse et de force tranquille fait de Miss Marple l'un des personnages les plus aimés et les plus durables de la littérature. Sa popularité transcende le temps, faisant d'elle un personnage qui continue de trouver un écho auprès des lecteurs d'aujourd'hui.

Ensemble de soutien : Des alliés et des adversaires mémorables

Dans les histoires détaillées d'Agatha Christie, les protagonistes et leurs seconds rôles sont dépeints de manière variée et riche. Qu'il s'agisse du béguin d'adolescent qui suivait son détective préféré ou du détective détesté mais tout aussi talentueux qui a juré de se venger de lui, chacun ajoute une dimension distincte à chaque mystère des œuvres de Christie. Hercule Poirot et Miss Marple occupent certes le devant de la scène, mais ils sont soutenus par une myriade de personnages inoubliables qui, de manière mémorable, renforcent la richesse et la complexité réelles de leurs aventures.

Il est impossible de parler de Poirot sans évoquer son ami et associé de confiance, le capitaine Arthur Hastings. Hastings n'est pas seulement l'aide de camp de Poirot, il est aussi son biographe, ce qui signifie qu'il respecte et parfois remet en question l'équilibre entre les merveilles mentales de Poirot et un examen minutieux. De même, Ariadne Oliver, une représentation excentrique de Christie elle-même, aide à résoudre les affaires de Poirot en utilisant des caractéristiques propres à sa personnalité.

Miss Marple est entourée de différents personnages, chacun d'entre eux aidant sa nature intuitive à démasquer la tromperie et la calomnie. Du compagnon toujours vigilant, M. Rafiel, aux villageois apparemment inoffensifs de

St. Mary Mead, chaque personne aide grandement Miss Marple à faire des déductions exactes.

Outre ces aides, les protagonistes intelligents de Christie doivent faire face à des méchants téméraires. Le docteur Sheppard est connu pour être injoignable, ce qu'il défend farouchement dans Le meurtre de Roger Ackroyd. Le colonel Race, qui apparaît dans plusieurs romans, en est un excellent exemple. Toujours prêts à comploter contre les protagonistes de Christie, ces personnages exaspèrent Poirot et Marple tout en captivant les lecteurs par leur esprit sans pareil. Des bouquets de logique et d'astuce modifient chaque récit élaboré par la reine du crime.

Un ou deux personnages peuvent apporter une aide indispensable, tandis que d'autres sèment juste ce qu'il faut de méfiance et de complexité dans les méandres soigneusement élaborés par Christie. Au fur et à mesure que l'intrigue se dévoile, les lecteurs s'attachent à ce monde où chaque personnage joue plus qu'un rôle dans la résolution de l'énigme, quelle que soit la part qu'il y joue. À travers la diversité de ces personnalités, Christie nous offre une expérience immortelle, un chef-d'œuvre qui capture les motivations et le comportement humains.

L'évolution des personnages : Croissance à travers le canon

L'évolution des personnages est intrinsèquement liée à Agatha Christie, car elle témoigne du soin qu'elle apportait aux détails et à la personnalité de ses personnages. Tout au long de son œuvre, les lecteurs observent naturellement l'évolution des personnages, ce qui leur permet d'explorer la nature humaine et son développement. Du raffinement d'Hercule Poirot à la finesse d'esprit de Miss Marple, Christie plonge ses personnages et son public dans une série d'événements et de luttes qui les amènent à s'adapter et à faire preuve d'une résilience remarquable. Cette évolution va au-delà des récits uniques et invite les lecteurs à s'investir totalement dans la progression des personnages. De plus, les premières affaires et chroniques de Poirot montrent une croissance exponentielle de la perspicacité et de la profondeur émotionnelle. Miss Marple, quant à elle, illustre le développement progressif de sa compréhension du comportement humain, montrant ainsi l'évolution de sa compréhension de la société. La complexité grandissante et les tensions internes des personnages récurrents témoignent de l'incroyable talent de conteuse de Christie, qui transforme ses personnages de simples caricatures en entités complexes qui subissent des changements incessants. En exposant des couches de leur psyché, Christie dépeint des personnages qui évoluent dans les limites des archétypes du roman policier et transcendent les attentes typiques à leur égard. Ils dépassent ainsi les limites de la fiction pour devenir des êtres multidimensionnels dotés d'arcs émotionnels.

En outre, l'interdépendance entre le développement des personnages et la structure de l'intrigue a un effet distinct sur la narration en ajoutant une nouvelle profondeur à chaque histoire, ce qui permet aux lecteurs de s'y attacher à un niveau complètement différent. Tout au long du canon, Christie retrace l'évolution de ses personnages et, ce faisant, leur donne des leçons intemporelles, reflétant le changement et la croissance inhérents à l'humanité. Ses royaumes imaginatifs servent de toile de fond à des mystères passionnants, mais ses personnages transcendent le divertissement ; ils invitent à une profonde contemplation du changement et de soi dans des paysages vibrants. L'attention portée aux moindres détails et l'examen approfondi de l'évolution des personnages font de Christie un maître des piliers fondamentaux de la littérature. Ses personnages et leurs transformations, qui restent pertinents à travers les générations, enrichissent la littérature de représentations profondes de l'évolution de l'humanité, illustrant son talent remarquable dans l'élaboration de récits captivants.

Techniques littéraires : Construire la profondeur par le dialogue et la description

Dans l'univers complexe des œuvres littéraires d'Agatha Christie, la maîtrise de la construction des détails par le dialogue permet de capter l'attention des lecteurs. Les personnages sortent de leur coquille et révèlent des personnalités, des motivations et des liens divers et complexes qui font avancer l'intrigue. Chaque révélation, chaque rebondissement doit beaucoup aux choix de dialogues de Christie. Elle a habilement construit ses dialogues, remplis de fausses pistes, d'indices subtils et de révélations, ce qui aide le lecteur à comprendre ses divers personnages. Les échanges pleins d'esprit entre Hercule Poirot et ses amis témoignent d'une brillante maîtrise de la langue, révélant des nuances qui ajoutent une riche complexité à la dynamique de l'enquête. De même, les dialogues astucieux qui éclairent les observations de Miss Marple et sa capacité à déduire les raisons et la logique donnent un aperçu profond du comportement humain et sociétal. Outre les dialogues, les descriptions de Christie sont particulièrement utiles dans la campagne anglaise et les lieux exotiques où ses récits voyagent entre les mains des lecteurs. Chaque détail fourni est minutieusement tissé dans les œuvres, enveloppant les lecteurs dans l'éthique de la grandeur de l'aube anglaise.

Les récits prennent vie grâce à une imagerie vivante et à des détails sensoriels qui plongent le lecteur dans une expérience visuelle et émotionnelle immersive. La façon dont Christie mêle dialogues et descriptions démontre son talent littéraire à multiples facettes en construisant un récit qui touche profondément le public. Elle entrelace remarquablement la progression de l'intrigue et le développement des personnages avec le contexte de la société en utilisant des techniques littéraires bien conçues, ce qui permet une immersion profonde dans ses histoires. Cette fusion captivante de dialogues et de descriptions enchante les lecteurs au-delà du temps et de la culture, consolidant ainsi l'héritage durable de Christie dans le domaine du mystère et du roman policier.

Réflexion sur la culture : L'impact sociétal de ses personnages

Les œuvres de Christie ont un profond impact culturel, en grande partie grâce à des personnages comme Hercule Poirot et Miss Marple. Avec leurs traits uniques, ces personnages captivent le public et contribuent à développer des attitudes et des pratiques culturelles. Ils ne sont pas seulement le reflet des sociétés dans lesquelles ils vivent, mais évoquent également les expériences et les émotions des gens. Par leurs traits de caractère et leurs comportements, les personnages de Christie abordent de nombreux défis sociaux, des questions éthiques et les luttes de classes de son époque, qui persistent encore aujourd'hui.

Les questions de justice, de moralité, de condition humaine et les courants sous-jacents qui soulignent les relations sociales sont abordés à travers les détections intelligentes d'Hercule Poirot et de ses personnages. La nature méticuleuse du personnage et son sens aigu du bien et du mal servent à la fois la consommation et les grandes questions de société telles que la vérité et les motifs éthiques obscurs qui se cachent dans les actions humaines. Avec Miss Marple, le public découvre la nature humaine et comprend les structures gérontologiques, les structures de pouvoir, la discrimination sexuelle et la domination au sein de la communauté.

Les acolytes loyaux et attentifs de Christie, ainsi que ses antagonistes pleins d'esprit, permettent d'approfondir la réflexion sur les relations sociales concernant la diversité ethnique. Ils sont l'incarnation du conflit social et du contact avec la société civilisée. Ils reflètent les questions sociologiques émergentes liées à la compréhension des préjugés, des idées fausses, de l'empathie et de la solidarité sociale de la classe moyenne et ignorent le fossé social. Les personnages de Christie ne sont pas de simples outils pour faire avancer l'intrigue, mais des individus profondément développés qui reflètent les complexités de la société et de la nature humaine.

Agatha Christie a créé ses personnages pour s'engager dans le monde tel qu'il est et aborder des questions sensibles et des tabous sociaux par le biais du mystère. Leur pertinence intemporelle en dit long sur la perspicacité de l'auteur à l'égard de la nature humaine et sur sa capacité à intégrer des questions éthiques et philosophiques dans ses œuvres. En outre, la popularité persistante de ces personnages à travers diverses adaptations, notamment sur scène et à la télévision, témoigne de leur importance et de leur impact permanent sur la culture. Cette pertinence durable garantit que les lecteurs, quelle que soit leur origine ou leur époque, peuvent s'identifier aux œuvres de Christie et s'y intéresser.

L'interaction de l'intrigue et de la personnalité : Une logique criminelle élaborée

Comme pour le reste de son œuvre, Agatha Christie était et reste surtout connue pour l'interaction de l'intrigue et de la personnalité dans ses romans. Le développement des personnages de Christie et la sophistication de la construction de l'intrigue vont de pair en raison de la densité des attributs des personnages avec lesquels elle peint métaphoriquement ses histoires. Le mariage entre l'avancement des événements d'une histoire et l'esquisse des personnages d'un roman, ou vice versa, est quelque chose qu'elle a maîtrisé tout au long de sa vie. Pris dans le tourbillon des mystères, les lecteurs sont souvent fascinés par la fusion sans effort de ces composantes merveilleusement intégrées à chaque mystère unique lié au développement individuel des personnages. La virtuosité sophistiquée de Christie est peut-être la plus évidente dans le développement de ses personnages, qu'elle dote de motivations et de complexités liées aux événements de l'histoire. Chaque bizarrerie, chaque description et chaque histoire racontée remplit deux fonctions d'égale importance : faire avancer l'histoire dans une direction raisonnable et projeter l'aspect sociologique de ses récits. La façon dont elle résout la logique de ses polars va au-delà de la logique des énigmes, puisqu'elle explore les profondeurs désespérées des raisons vivantes qui sous-tendent les actes du criminel et de l'enquêteur, activé à partir d'une observation minutieuse et d'une utilisation habile d'indices trompeurs ; la réorientation permet à Christie de guider ses lecteurs de façon experte à travers des récits complexes tout en leur procurant des sensations fortes. Les défauts personnels des personnages et leurs antécédents complexes ajoutent également une texture qui alimente la profondeur de l'appel et renforce les enjeux du mystère. Le mystère s'épaissit au fur et à mesure que Christie équilibre la psychologie des personnages et les subtilités de l'intrigue, ce qui incite les lecteurs à participer mentalement et émotionnellement. La solution n'est plus le dévoilement du coupable, mais l'exposition de la condition humaine inhérente, dans toutes ses vulnérabilités et ses complexités. Cette interdépendance consolide l'impact de Christie sur le genre du roman policier tout en marquant son charme pour rester à jamais dans l'histo

L'enchantement du lecteur : Cultiver la curiosité et l'engagement

La fascination exercée par les crimes d'Agatha Christie est due à la complexité des intrigues et à la méticulosité des enquêtes. Son talent tout aussi captivant prépare les sens de la curiosité et de l'engagement des lecteurs tout en les tenant en haleine. Christie mêle habilement les nuances de la nature humaine, de la société, de l'art et des déductions pour créer des récits d'intrigue captivants. Grâce à ses personnages remarquables et à l'attention qu'elle porte aux détails, Christie oblige ses lecteurs à résoudre les mystères des grands détectives. Elle a vraiment le don de donner envie aux gens de participer à la résolution des mystères.

Chez Christie, l'enchantement du lecteur provient d'un savant équilibre entre la révélation et la dissimulation d'informations. À l'aide d'indices et de faux-fuyants judicieusement placés, elle conduit son public à la perplexité et à la déduction. L'absence de résolution renforce le défi que représentent ses intrigues implacables, mais tend également à exiger une grande attention pour résoudre le mystère. Chaque mystère est conçu pour entraîner le lecteur dans le tourbillon et lui donner l'impression de faire partie du grand plan tout en démêlant d'innombrables ficelles trompeuses.

En outre, la prose de Christie possède un attrait sans effort qui a une portée universelle et qui trouve un écho auprès des gens du monde entier. Son écriture habile suscite l'émerveillement et le ravissement, encourageant les lecteurs à explorer l'imagination qui accompagne ses mondes richement élaborés. Qu'il s'agisse de décors exotiques ou de villages anglais pittoresques, les récits de Christie ne manquent jamais d'amener le lecteur au cœur même du mystère, captant puissamment son imagination et garantissant un engagement émotionnel durable avec le texte.

Enfin, la profondeur et le développement des personnages récurrents bien-aimés de Christie, comme Hercule Poirot et Miss Marple, sont un véritable enchantement pour les lecteurs. Ces personnages familiers, aussi excentriques soient-ils, ne manqueront pas de gagner la loyauté des lecteurs qui attendent impatiemment la prochaine révélation. Grâce à leurs bizarreries uniques et à leur sagesse ancestrale, ces détectives deviennent des personnages de livres favoris et captivent les lecteurs grâce à leur remarquable intelligence.

Au fond, l'ingéniosité de l'œuvre d'Agatha Christie réside dans le mélange efficace d'intrigues complexes, de textes riches et de caractérisations frappantes, qui concourent à un objectif singulier : susciter la curiosité et capter l'attention du public. Tous ces éléments créent un monde qui entre en résonance avec les lecteurs et fait vibrer leur corde sensible au rythme des mystères qui se déroulent devant eux. Cette capacité à captiver les lecteurs de tous âges a fait d'elle la seule Reine du crime et une icône intemporelle de la littérature.

L'héritage des légendes : Une popularité durable dans les médias modernes

Les œuvres stupéfiantes d'Agatha Christie font constamment l'objet de nouvelles adaptations, et ses personnages vont des classiques intemporels aux merveilles modernes. Hercule Poirot, Miss Marple et d'autres personnages ont traversé plusieurs générations, séduisant un public très large. Leur existence a plus de sens aujourd'hui qu'jamais puisqu'ils sont présents dans des films, des émissions de télévision et même des jeux vidéo. Grâce à une narration captivante et à des adaptations brillantes, ces personnages prospèrent dans l'ère moderne. L'attention phénoménale portée aux détails, qui était la marque de fabrique de ses œuvres, est aujourd'hui encore plus significative dans les adaptations, améliorant leur représentation cinématographique et télévisuelle d'une manière qui rend justice à sa vision originale. Les détails minutieux qui forment l'héritage des poisons témoignent du brio de Christie. La représentation multiforme et en constante évolution des personnages d'Agatha Christie est un pilier important de l'intérêt suscité par ses œuvres. L'ingéniosité inégalée d'Hercule Poirot laisse les gens sous le charme, alors qu'ils s'adonnent à un monde d'embellissements constants de son personnage tout en étant captivés par son intelligence exceptionnelle. Miss Marple, quant à elle, est un mélange de modestie et de perspicacité, ce qui permet au public de s'attacher plus profondément aux personnages, les rendant à la fois sympathiques et redoutables.

Les mystères qui entourent ces personnages peuvent également être adaptés à de nombreuses formes de narration qui peuvent convenir à différents publics. Cette flexibilité a permis aux conteurs de la nouvelle ère de développer de nouvelles idées tout en préservant l'esprit de base de ces personnages profondément aimés par le public partout dans le monde, élargissant ainsi leur charme et leur influence. La présence durable de ces personnages dans les médias contemporains est une preuve supplémentaire de la perspicacité de Christie en matière d'humanité et de la popularité d'un roman policier bien écrit. Les questions non résolues dans ses histoires – mensonges, comportement humain, dilemmes éthiques et justice – sont tout aussi importantes aujourd'hui qu'elles l'étaient lorsque ces personnages emblématiques ont pris vie pour la première fois. Les adaptations modernes ont réussi à toucher les fidèles comme les nouveaux consommateurs en utilisant les personnages chers à Christie et en les transformant en récits modernes, ce qui a permis de mettre davantage en lumière ces personnages. À mesure que la société évolue vers la technologie numérique, nous pouvons être sûrs que la fascination pour Hercule Poirot, Miss Marple et d'autres icônes intemporelles perdurera et s'adaptera aux différentes formes de médias modernes, captivant les générations à venir grâce à une évolution constante.

6
L'influence de la guerre

Soins infirmiers, pharmacie et tragédie

Début des effets de la guerre sur la littérature

Au fil des siècles, la littérature mondiale a évolué en raison des différents conflits et de leurs modes d'expression. Dans sa structure fondamentale, la littérature a toujours essayé de capturer l'essence de tout ce qui définit l'humanité, y compris la violence. Elle puise dans notre esprit primitif, faisant naître un art imprégné de nos réalités profondes. Alors que le climat social se transforme au gré des tempêtes de guerre, les écrivains sont saisis au point de ne pouvoir s'empêcher d'assister à l'anatomie d'une puissance inégalée, de la violence, de la morale et de l'absurde qui se tissent au fil de l'existence. Cette partie décrit les récits hyperboliques de la violence et les réalisations de la créativité qui découlent de l'expérience macabre de la guerre/violence. La grandeur d'Agatha Christie est un fil ténu avec lequel nous pouvons tisser un récit encore plus grand pour comprendre comment la littérature a parlé de la guerre, non seulement avec des mots, mais aussi avec des vestiges imprégnés de traumatismes et de souvenirs que le temps ne peut pas éroder.

Ce genre littéraire révèle le mélange complexe de souffrance, de force et de cadres éthiques qui persistent dans notre psyché, démontrant une fois de plus l'impact durable de la guerre sur l'écriture à travers l'histoire.

L'appel au service : Christie, infirmière bénévole

Alors que le monde était plongé dans les flammes de la Première Guerre mondiale, Agatha Christie a courageusement répondu à l'appel de son pays en travaillant comme infirmière volontaire. Ses expériences dans les hôpitaux de première ligne, témoins des immenses traumatismes physiques et psychologiques de la guerre, ont dû profondément modifier son approche de l'écriture. Son engagement profond dans son rôle d'infirmière, associé aux dures réalités des soins de santé en temps de guerre, a sans aucun doute laissé une marque indélébile sur ses futurs livres. La myriade d'interactions qu'elle a eues avec les patients de la guerre lui a permis de faire l'expérience de la souffrance humaine et des conflits à un niveau qu'elle a ensuite utilisé de manière artistique dans ses chefs-d'œuvre.

L'expérience de Christie en tant qu'infirmière bénévole a également modifié sa compréhension des pratiques et procédures médicales appropriées, ce qui a contribué à l'authenticité de sa fiction. Son travail avec les blessés a développé son empathie et aiguisé son sens de l'observation, lui permettant de percevoir les moindres détails de l'humanité et de la vie elle-même.

Les expériences profondes de Christie en tant qu'infirmière volontaire pendant la guerre ont non seulement approfondi le niveau d'émotion et d'empathie de ses récits, mais ont également transformé ses capacités littéraires. Son travail pendant le conflit, en particulier, a façonné sa compréhension de l'altruisme et du sacrifice, enrichissant son travail d'une authenticité inégalée. La guerre a été un creuset qui a aiguisé ses compétences, lui permettant de créer des personnages et des intrigues captivants qui trouvent un écho chez les lecteurs jusqu'à aujourd'hui.

Christie a certainement compris la nature implacable de la guerre et son impact sur un individu à un niveau plus profond. Le fait d'avoir été témoin de la force et de la fragilité infligées par la guerre, associé à sa forte compréhension de la vulnérabilité, a alimenté sa voix littéraire. Avec son objectif artistique, elle a su capturer le traumatisme et l'esprit de résilience tendre, franchissant de nouvelles frontières en fortifiant l'esprit humain et en l'explorant dans ses écrits. Ces connaissances ont dû avoir un impact considérable sur sa vie, en créant une perspective profonde à travers laquelle elle a pu façonner des personnages et des intrigues fascinants.

Perspectives médicinales : Le rôle de la pharmacie dans l'élaboration de l'intrigue

En tant qu'écrivaine célèbre qui aimait construire des intrigues complexes et prêter attention aux détails, Agatha Christie a sans aucun doute fait de la pharmacie un outil littéraire parmi ses nombreux traits de caractère captivants. Elle incorpore des connaissances pharmaceutiques dans ses romans à un degré étonnant et intègre remarquablement des informations pharmaceutiques dans ses romans, qu'elle a sans aucun doute acquises en tant qu'infirmière bénévole. La façon dont elle utilise les médicaments, leurs effets et l'abus potentiel des motivations et des actions des personnages est profondément nuancée.

L'un des éléments récurrents les plus dramatiques de ses œuvres, peut-être pris trop à la légère, est celui de l'empoisonnement. La capacité de Christie à illustrer la puissance de nombreuses substances dangereuses témoigne de sa maîtrise des sciences pharmaceutiques. Dans ses œuvres, qu'il s'agisse d'administrer des quantités mortelles ou de la subtilité intelligente de l'empoisonnement de mélanges apparemment innocents, l'utilisation de la pharmacie sert un objectif plus important : dévoiler les complexités de l'humanité.

De plus, l'inclusion de détails pharmaceutiques rend ses histoires plus crédibles. Christie passionne les lecteurs en les liant au monde grâce à la vraisemblance de ses récits. En particulier, les interactions médicamenteuses, les dosages et le contrôle de l'accès à ces substances ajoutent au réalisme de ses romans.

Il est à noter que les compétences pharmaceutiques de Christie s'intègrent dans ses intrigues, axées sur la confiance et la trahison, qui sont profondément soulignées dans l'ensemble de ses romans. La nature trompeuse qui domine ses récits est clairement exposée à travers la manipulation de médicaments et de poisons. Ces protagonistes impitoyables qui utilisent des compétences pharmaceutiques pour atteindre leurs objectifs sans scrupules incarnent la complexité de la tromperie sinistre au sein de l'être humain.

Les connaissances pharmaceutiques de Christie, développées dans ses histoires, démontrent sa créativité dans le traitement des intrigues, les rendant encore plus intéressantes. L'intégration d'éléments médicinaux dans ses histoires démontre sa maîtrise et sa capacité à construire des récits captivants, qui ont continué à être appréciés au fil des ans, et qui prouvent son talent en tant que Reine du crime.

Réalités en temps de guerre : Comment le conflit a façonné la narration

L'impact du conflit était évident dans les œuvres d'Agatha Christie et de nombreuses autres personnes pendant la Première Guerre mondiale. Il a servi de point de départ à un conflit qui a donné une nouvelle dimension à l'écriture. Agatha et beaucoup d'autres ont exploré leur créativité pendant le conflit mondial et s'en sont inspirés pour leurs livres et leurs écrits. Les auteurs ont non seulement trouvé de nouvelles intrigues, mais ils ont également exploré l'endurance humaine et la nature, mises à rude épreuve. La guerre a fourni une toile de fond unique pour la narration, permettant aux auteurs de plonger dans les profondeurs de l'expérience humaine et de la résilience face à l'adversité.

À l'instar d'autres romanciers en plein essor, Agatha et Christie se sont éloignées des livres d'amour pleins de rebondissements et d'inspiration. Après avoir assisté à des combats effroyables, elles ont utilisé cette période de chaos pour dépeindre la nature humaine dans toute sa brutalité et son paysage mental. Elles ont décrit la réalité de la guerre, qui était émotionnellement bouleversante. Un nouveau sens du réalisme s'est emparé de la fiction, innombrables sont les écrivains qui s'efforcent de définir la condition humaine dans la violence.

Les survivants de ces épouvantables périodes sont plongés dans une agonie qui les pousse à la mélancolie. Les nouveaux auteurs, ainsi qu'Agatha, ont transformé ces représentations en mystères pleins de chagrin, dans lesquels les personnages luttaient contre un chagrin sans fin dans leurs guerres extraterrestres personnelles. Le développement captivant des personnages dans ces œuvres a amené les gens à réfléchir.

Comme indiqué précédemment, le conflit de la guerre a eu un impact profond sur la représentation multidimensionnelle des personnages. Les protagonistes n'étaient plus des caricatures de base, des héros unidimensionnels ; ils étaient au contraire des reflets plus profonds de personnes placées dans des situations complexes et extraordinaires, et devaient refléter les vérités bien plus nuancées du monde. Ce changement a permis d'approfondir l'examen de la moralité, des choix, des sacrifices et de la capacité de l'homme à garder espoir, même lorsqu'il est entouré de désespoir.

L'évolution des conflits sociétaux s'est accompagnée d'une restructuration fondamentale de la narration, utilisée comme mécanisme d'adaptation pour donner un sens aux changements sans précédent du monde. Les récits permettaient aux lecteurs de partager les souffrances de la guerre, qui avait ravagé leur monde. Ce fut le cas de Christie et de nombreux autres auteurs qui ont profondément restructuré l'évolution de la condition humaine en utilisant le pouvoir de la narration, provoquant ainsi un changement irrémédiable dans le monde littéraire en essayant de mettre en évidence la souffrance de l'humanité.

L'empreinte de la narration a été indélébile pendant la guerre, non seulement pour mettre en évidence son contexte historique, mais aussi parce que la littérature a été élevée au rang d'art. C'est à cette époque que la littérature a plongé dans l'introspection de la nature à travers des changements profonds. En différenciant l'essence de la souffrance, au cœur de la résilience et de la vulnérabilité humaines, les auteurs ont réussi à relever les défis de l'épanouissement personnel dans le chaos, ce qui a donné lieu à des récits qui ont transformé une fois pour toutes et qui continuent d'inspirer les futurs lecteurs jusqu'à aujourd'hui.

Catalyseur de changement : L'épanouissement personnel dans le chaos

La Seconde Guerre mondiale, toujours en cours, a profondément changé la vie d'Agatha Christie, qui a passé toute son enfance pendant le Blitz. Au cours de cette période difficile, l'écrivaine a dû faire face à de nouveaux défis, comme rafraîchir de vieilles idées pour améliorer son art et se développer en tant que nouvelle créatrice. Sa courbe d'apprentissage l'a amenée à relever de rudes défis pour tracer la voie à suivre. La guerre a radicalement changé sa perception du monde et l'a confrontée à la fragilité de la vie humaine. Elle a commencé à mieux comprendre les thèmes palpables, d'une atmosphère horrifiante, nés de ses propres luttes.

Par ailleurs, les nécessités de la guerre à demi brisées ont conduit Christie à explorer une nouvelle géographie remplie de chagrin, d'amour et de force. Au cours de cette phase de transformation, l'écrivaine a commencé à développer de nombreuses nouvelles œuvres, s'attachant à cultiver une compréhension des sentiments éprouvés par les personnes universelles souffrant pendant cette période. Au milieu d'un conflit actuel et moderne, cette expérience a diminué sa sensibilité, mais a augmenté sa valeur pour d'autres titres ou écrivains.

Son expérience de la tragédie et de la perte lui a donné une compréhension profonde de l'esprit humain, améliorant sa narration d'une manière qui dépasse le simple cadre de la fiction. Ses écrits reflètent l'esprit humain inébranlable qui survit dans les moments difficiles, capturant son expérience de croissance au milieu de la tourmente. Pour Christie, le contexte chaotique de la guerre a servi à la fois de catalyseur et de muse pour son exploration des profondeurs de la nature humaine, inspirant un héritage intemporel.

Tragedies Unveiled : Perte et transformation dans la vie de Christie

La vie d'Agatha Christie a pris un tournant tragique dès le

début de sa carrière d'écrivain. L'événement le plus marquant a été la disparition d'Archie Christie, son premier mari, en 1926. Cette disparition a donné lieu à une frénésie médiatique qui a eu des répercussions sur la vie personnelle de la romancière ainsi que sur sa carrière littéraire.

D'une manière ou d'une autre, les deux guerres mondiales ont exposé Agatha à des souffrances brutales. Pendant la Première Guerre mondiale, elle s'est en effet portée volontaire comme infirmière, ce qui lui a ouvert les yeux sur les horreurs de la guerre. Les expériences de la guerre et les pertes qu'elle a subies ont fortement influencé sa façon d'écrire en dépeignant des sentiments de perte, de traumatisme et de souffrance profonds. La mort de sa mère et l'échec de son premier mariage ont entraîné une première période de bouleversements dans sa vie. Ces profonds bouleversements émotionnels, combinés aux changements sociétaux et aux courants d'une histoire complexe, ont changé Christie elle-même. Ce changement apparaît de manière euphorique à travers les couches d'émotions et d'introspection psychologique parfaitement tissées de ses romans.

Malgré les difficultés, la capacité de Christie à rester réfléchie est évidente lorsqu'elle fait face à la métamorphose causée par le chagrin. La façon dont elle a transformé un chagrin déchirant en histoires fascinantes a donné de la profondeur à ces récits. De telles histoires sont racontables, même si le monde progresse. La vulnérabilité de l'humanité aide à façonner ; « infuse », semble imprégner les personnages et les intrigues de ses romans, ce qui la rend intemporelle.

L'esquisse des fragments de sa vie révèle un spectre d'émotions, dont un désespoir intense entremêlé d'espoir et de persévérance. Elle a exprimé l'équilibre complexe entre la confrontation à la perte et l'appel à la force, tout en parcourant le cheminement de Christie vers la guérison à travers l'art de la littérature. Ses luttes ont été transcendées en d'incroyables écrits, prouvant l'impact de la créativité et de l'imagination sans limites de Christie.

Le développement des personnages : Les archétypes de l'époque de la guerre dans son œuvre

La toile de fond des deux terribles guerres mondiales a profondément marqué les œuvres littéraires d'Agatha Christie et a grandement influencé le développement de ses personnages. Alors que les gens faisaient face au chaos causé par les guerres, Christie a donné un aperçu des archétypes de la vie en temps de guerre et a donné vie à des siècles d'expériences grâce à son habileté à raconter des histoires.

Dans l'œuvre de Christie, un grand conflit incarne les archétypes de la guerre sous la forme de personnages moralement perplexes et multidimensionnels, mettant en évidence le prix humain élevé de la guerre. Les souffrances entremêlées d'une guerre et d'une crise d'identité sont fortement ressenties dans ces caractérisations d'un héros devenu anti-héros et d'un personnage désintéressé noyé dans un chaos moral total.

En outre, l'évolution des relations et des rôles entre les hommes et les femmes pendant les années de guerre se retrouve dans les personnages de Christie, comme les femmes qui travaillent et qui deviennent les nouvelles héroïnes d'un monde en mutation. Ces représentations marquent le changement d'attitude de la société ainsi que la lutte des femmes forcées d'assumer des rôles différents en raison de l'absence des hommes.

L'œuvre de Christie met également en évidence la figure du soldat, en particulier celui qui doit faire face à la vie après avoir relevé les défis de la guerre, un thème récurrent dans la littérature d'après-guerre. Cela met en évidence la désillusion clairement observable après la guerre et les conséquences psychologiques de la guerre sur ses survivants. Christie explore l'esprit de ces personnages et commente les conséquences émotionnelles et mentales de la guerre.

La confiance, la trahison, les relations, l'équilibre et le conflit sont liés dans les archétypes de Christie en temps de guerre, où elle cherche à définir les relations humaines. Cela rappelle l'aliénation dont les individus sont devenus la proie dans la société en temps de guerre et met en évidence l'érosion de la confiance et de l'incertitude en tant que sentiments dominants, amplifiés par la guerre.

D'une manière ou d'une autre, la caractérisation adroite par Christie des archétypes de l'époque de guerre montre assurément sa profonde compréhension des gens pendant les périodes pénibles de la guerre. Tout au long de son œuvre, les luttes des personnages de Christie provoquées par la guerre mettent en évidence sa perception des effets de la bataille sur l'humanité ; son esprit et sa maîtrise littéraire captent l'attention du lecteur, mettant en évidence les conséquences dévastatrices du conflit tout en célébrant l'esprit d'espoir.

L'authenticité par l'expérience : Faire le lien entre la fiction et la réalité

Après la guerre, Agatha Christie a approfondi sa compréhension et son empathie en explorant les domaines des soins infirmiers et de la pharmacie, ce qui s'est avéré être une source précieuse de matériel infirmier et romanesque. Son travail d'infirmière bénévole pendant la Première Guerre mondiale a engendré un lien profond avec la souffrance et la résilience psychosociale, qui imprègnent ses écrits d'émotions réelles et de compréhension psychologique. En comblant le fossé entre la dure réalité de la guerre et le monde de la fiction, Christie a fusionné ces deux mondes de manière transparente. Grâce à ses expériences et à ses observations, elle a pu dépeindre ses personnages et leurs histoires avec un sentiment d'authenticité qui reflète l'esprit humain, même dans les moments difficiles. Le traumatisme et la tourmente de la guerre vécus par Christie lui ont permis de comprendre la nature complexe de l'être humain, ce qui l'a aidée à créer des personnages riches et multidimensionnels qui ont trouvé un écho profond chez les lecteurs.

En outre, son travail en pharmacie l'a exposée aux subtilités des pratiques, qu'elle a habilement intégrées dans les intrigues de ses œuvres. Cela confère à ses récits une profondeur et un réalisme accrus. La fusion d'éléments de la vie réelle avec l'aptitude de Christie pour la fiction est l'une des marques de fabrique de ses œuvres captivantes, qui ont attiré l'attention du monde entier. Grâce aux influences de Christie en temps de guerre, ses histoires atteignent un niveau de réalisme civilisationnel remarquable dans les détails, ce qui lui permet de dépeindre la condition humaine. Les expériences vécues par Christie et sa capacité à saisir le comportement humain font d'elle un maître conteur de fiction-réalité transcendantale.

Réflexions sur l'après-guerre : Adapter les thèmes à une nouvelle ère

Ayant vécu la réalité d'un monde en guerre, Agatha Christie s'est retrouvée au cœur d'un changement de société et d'une transformation culturelle. La guerre a eu un impact profond sur sa vie personnelle et sur ses œuvres. Les changements dans son style d'écriture pendant l'après-guerre ont mis en évidence l'évolution des thèmes et des personnages, offrant aux lecteurs un lien historique unique.

Ses récits ont commencé à illustrer l'espoir et la résilience à travers les conflits qui ont façonné le monde pendant les périodes déchirées par la guerre de sa vie. Ses récits sont empreints des thèmes de la réparation, de la justice et des aspects complexes de la nature humaine, qui reflètent la volonté désespérée de la société de guérir. Les personnages de Christie ont subi un changement important ; ceux qui ont lutté contre les conséquences de la guerre ont dû se transformer en figures plus profondes et plus vulnérables pour illustrer la mentalité de l'avant et de l'après-guerre.

La compréhension profonde qu'avait l'auteure des changements sociétaux pendant et après la guerre s'aligne parfaitement sur les subtilités de ses romans policiers. Cette période d'après-guerre lui a permis d'analyser les nouvelles tendances en matière de pouvoir, de loyauté et de confiance. Le changement progressif des interactions entre ses personnages de fiction reflète la difficulté de la société à reconstruire son image tout en rétablissant les relations humaines.

Parallèlement, la profonde compréhension qu'a Christie de l'impact psychologique de la guerre a renforcé la profondeur de ses écrits. Elle a habilement conçu des histoires qui mettent en valeur la détermination humaine tout en révélant la fragilité cachée qui l'accompagne. Ses récits adoptent une perspective approfondie, traitant de la perte de l'innocence et de la tentative désespérée de jeter les bases d'une nouvelle réalité.

En outre, les protagonistes féminins de ses romans ont

profondément changé avec la modernisation significative, contrairement aux romans précédents qui exposent la période tardive de Christie en correspondance avec le rôle que les femmes étaient censées jouer dans la société d'après-guerre. Ces femmes étaient des individus forts et résistants qui recherchaient une indépendance totale. Cela démontre la lenteur de l'adaptation de la société à l'entrée dans le XXIe siècle et à la transformation des droits des femmes.

Lorsque les œuvres de Christie ont évolué vers la période de l'après-guerre, elles ont complètement intégré son expérience de la narration qui s'étendait sur différentes périodes. Elle était capable de produire des récits poignants, empreints de sentiment de nouveau départ et d'autoréflexion, et de guider les lecteurs dans la compréhension de la nature adaptative intérieure de l'esprit humain. Par conséquent, les accents d'après-guerre de ses œuvres de fiction témoignent de sa remarquable réputation en tant que reine du crime et dans l'étude de la sociologie.

Conclusion et transition : De l'agitation à l'inspiration

Alors que nous arrivons au dernier chapitre de notre étude de la vie et de l'œuvre d'Agatha Christie, il est remarquable de constater que ses expériences d'avant-guerre et d'après-guerre s'intègrent presque parfaitement à ses récits. Les événements chaotiques de la guerre, qui ont marqué sa vie, ont considérablement modifié sa psyché, transformant son style d'écriture et ses thèmes prédominants. Cependant, elle n'a pas seulement été affectée négativement. Le chaos entourant les plaidoiries et les souffrances ont été une source profonde d'inspiration créative pour Christie, qui a su exploiter la douleur et la complexité des émotions et des comportements humains dans les périodes troublées.

Pour Christie, un monde d'après-guerre favorable et sa plume aiguisée ont marqué un tournant décisif dans sa carrière. C'est à cette époque qu'elle a trouvé son équilibre, témoignant de la destruction tout en pénétrant dans un paysage débordant d'opportunités. Les personnages de ses écrits ont également subi des transformations similaires, révélant leurs espoirs et leurs rêves face à la dynamique changeante de la société. L'imagination de Christie et son sens aigu de l'observation ont donné naissance à des histoires qui, autrefois, racontaient l'histoire de manière captivante et qui sont aujourd'hui le reflet de leur époque.

Ses œuvres d'après-guerre ont mis en évidence la résilience, la force intérieure et l'esprit humain. Les récits d'Agatha Christie étaient uniques en ce sens qu'elle construisait habilement des intrigues élaborées contenant des éléments relatifs à la nature humaine. Les feux purificateurs du conflit ont certes inspiré des turbulences, mais ils ont relâché leur emprise sur le monde littéraire et ont marqué leur nature pour l'éternité dans les histoires de Christie.

En résumé, la vie de Christie, qui est passée de l'ombre de la guerre à une période d'illumination, incarne une expression vivante de la créativité et de l'imagination, qui perdurera aux côtés de ses récits pendant des années. Dans sa littérature, Christie ne se contente pas de divertir ; elle délivre des messages profonds et sincères de compassion et d'empathie. Le passage de l'éclat d'un monde imaginaire aux tragédies de la guerre témoigne de l'intelligence et de la sensibilité de Christie face aux complexités de la vie humaine.

Au sortir du conflit, Christie a acquis une vision et une sagesse nouvelles. Cette nouvelle perception l'a amenée à inspirer les générations futures avec ses histoires intemporelles. L'héritage d'Agatha est devenu un rappel que des périodes sombres de l'humanité, l'espoir surgira toujours grâce à l'art de la narration.

7
Inspirations exotiques

Voyages avec Max Mallowan

Les expéditions de Mallowan

Les expéditions d'Agatha Christie et de Max Mallowan à travers le Moyen-Orient ont été motivées par leur sens de l'aventure. Cela a eu un impact considérable sur leur vie personnelle et professionnelle. Les sites exotiques et captivants, l'histoire ancienne et la riche culture de la région ont joué un rôle essentiel dans les œuvres littéraires de Christie, inspirant à ses récits un sens authentique de l'époque et du lieu. Mallowan en a également profité, car ses activités archéologiques lui ont fourni de nombreuses raisons de voyager. Il a mené de nombreux projets de recherche et de fouilles en collaboration avec des experts locaux. Leur passion commune pour l'aventure les a conduits dans les régions reculées du Moyen-Orient, qui se sont révélées être une source d'inspiration pour les récits captivants de Christie. Il convient également de noter que le respect du couple pour les coutumes qu'il a rencontrées a favorisé une profonde appréciation de l'essence de l'histoire humaine et de la narration, ainsi que de l'incroyable diversité de chaque destination. En fin de compte, les expéditions de Mallowan sont un excellent exemple du mélange de curiosité intellectuelle, d'inspiration artistique et d'immersion culturelle — un esprit d'exploration que l'on retrouve dans toutes les œuvres littéraires de Christie.

Le séjour au Moyen-Orient : une nouvelle source d'inspiration

Les voyages d'Agatha Christie avec Max Mallowan lui ont donné un nouvel élan pour son écriture. Ce changement prend la forme de la culture du Moyen-Orient, qu'elle n'avait jamais connue auparavant. Le Moyen-Orient a offert à Mallowan de nombreuses possibilités archéologiques et a alimenté son désir de voyager après son séjour en Angleterre.

Les sites fascinants des constructions archéologiques, enrichis de reliques anciennes, ont nourri l'imagination de Christie et constituent la chronique d'une région magnifique. Les anciennes civilisations vibrantes qui gisent en ruines constituent des modules de fiction qui ne demandent qu'à être scénarisés. En passant du temps avec Mallowan, Christie a acquis une grande compréhension de la culture, ce qui a insufflé à son travail des inspirations d'une vie vibrante. Cela lui a permis de développer une prose qui avait une essence factuelle fondamentale et qui revendiquait une histoire véridique.

Le contraste saisissant entre les déserts brûlants et les monuments gracieux a façonné l'expérience de Christie. Dans son esprit, le charme riche de l'architecture traditionnelle se mêle au mystère des bazars sinueux, tandis que l'ombre et la lumière dansent sur les dunes. Christie décrit ce même sentiment lorsqu'elle dépeint le Moyen-Orient dans sa littérature ; en effet, la vivacité de la toile de fond est toujours tangible dans ses œuvres.

Le folklore captivant de la région a également profondément enrichi sa compréhension de la culture locale. Grâce aux coutumes et traditions locales, comme le partage des repas traditionnels, Christie et Mallowan ont non seulement embrassé la vie d'un habitant, mais aussi profondément respecté et apprécié la culture, ce qui a transformé leur vision des choses et les écrits de Christie. Leur maîtrise de la compréhension culturelle est illustrée par le mélange harmonieux de la culture diffusée dans ses récits, qui leur confère un sens unique de la beauté authentique.

Fondamentalement, le voyage au Moyen-Orient a marqué une période importante dans la vie d'Agatha Christie. C'est là que les merveilles archéologiques, les paysages à couper le souffle et le mélange captivant de personnes et de cultures se sont rencontrés pour former un nouveau chapitre de son œuvre. Il est évident que les voyages et les expériences de Christie au Moyen-Orient lui ont fourni une source d'inspiration inépuisable, qui a rendu ses récits incomparables. Elle a su insuffler à ses œuvres une richesse multiculturelle qui les a rendues magnifiques et a inspiré d'innombrables lecteurs.

Aperçus archéologiques : Sites de fouilles et découvertes

Agatha Christie et son second mari, Maximilian « Max » Mallowan, avaient des intérêts personnels communs, profondément ancrés dans la culture, les voyages et l'archéologie. L'époux de Christie, Mallowan, était un archéologue qui a dirigé plusieurs fouilles au Moyen-Orient. Avec sa soif inextinguible de connaissances, Christie a participé activement à ces projets, acquérant ainsi une expérience de première main.

Christie était connue pour être une passionnée d'archéologie et elle s'est inspirée de ces excursions pour son travail. Au cours des expéditions de Mallowan, le couple admire les sites et les civilisations anciennes, dont il savoure la beauté. L'esprit littéraire de Christie prend vie lorsque son inspiration pour les histoires naît des fouilles menées par son mari et des sites explorés par Christie. Embrassant le même frisson de la découverte d'objets anciens que son épouse, Mallowan a fait l'expérience de l'expédition archéologique. L'immersion de Christie dans le monde de l'histoire a été l'épiphanie de sa curiosité intellectuelle. En quête de récits captivants, Christie était impatiente de documenter ses expériences et, comme elle l'a fait tout au long du processus, son esprit a généré les histoires les plus captivantes.

L'ouvrage « Beneath The Desert Sun, After Christie's Works » (Sous le soleil du désert, d'après les travaux de Christie) met en lumière ses incessantes recherches archéologiques qui ont abouti à des récits purs et vivants, synchronisés avec ses fictions conçues à partir de fragments de son imagination profonde. Christie a ainsi créé une fiction archéologique puissante, dotée d'un sens aigu de l'histoire. Son profond respect pour les archéologues dont le travail l'inspirait, ainsi que le travail lui-même qui générait une profonde révérence pour des mondes précédemment enfouis, l'ont conduite à griffonner dans les pages de son journal historique avec une lentille archéologique. Une fois les imaginations et les histoires racontées, un mélange précis de ses pensées et de ses travaux permet aux lecteurs de s'engager dans des histoires intrigantes d'une profondeur qui dépasse de loin la fiction, les emmenant dans un voyage d'aventure et de chasse au trésor sans fin tout en mélangeant des imaginations vibrantes à travers le temps et les époques.

Immersion culturelle : Adopter les coutumes locales

Contrairement aux simples touristes, Agatha Christie et Max Mallowan ont participé à la vie culturelle lors de leurs voyages au Moyen-Orient. Au cours de leurs voyages, le couple a cherché à comprendre le mode de vie des habitants. Qu'il s'agisse de participer à des cérémonies locales ou d'interagir avec des artisans locaux, Christie et Mallowan ont fait tout ce qui était en leur pouvoir pour en apprendre davantage sur les différentes cultures et communautés qu'ils ont rencontrées. Leur curiosité sincère et respectueuse leur a permis de comprendre en profondeur les différentes cultures et de tisser des liens qui ont inspiré plus tard les perspectives de Christie sur la vie et la littérature. Cela n'a été possible que parce qu'Agatha Christie a développé une compréhension profonde des normes sociétales, des rituels et des croyances. En retour, cette expérience a enrichi sa façon de raconter des histoires. Grâce à la connaissance approfondie qu'elle a acquise en participant aux coutumes locales, elle a pu décrire dans ses romans des réalités effrayantes qui font écho aux lecteurs du monde entier. Outre l'amélioration de sa vision du monde, les expériences culturelles l'ont amenée à apprécier la beauté inhérente aux diverses cultures, qu'elle capture de manière étonnante dans ses romans.

La représentation authentique qu'elle donne des lieux qu'elle a visités a façonné les contours de la littérature et continue d'influencer le public littéraire aujourd'hui. Son adoption des coutumes locales a nourri son imagination, lui permettant de créer des récits riches qui ont guidé les lecteurs vers des lieux lointains imprégnés de culture et d'histoire.

Exploration créative : Transformer les expériences en récits

Des marchés aux bazars animés, en passant par les ruines tentaculaires et tout ce qui se trouve entre les deux, les expériences d'Agatha Christie dans la région du Moyen-Orient se sont enrichies au fur et à mesure qu'elle imaginait de nouvelles histoires qui attendaient de se dérouler dans ces coins du monde. Christie était une véritable voyageuse et une artiste prête à absorber des morceaux de culture de chaque destination dans laquelle elle s'immergeait. Lorsqu'elle arrivait, elle ne se contentait pas de visiter. Elle s'imprégnait de ces lieux et de leurs spécificités, qui se sont révélées par la suite inestimables pour servir de cadre à ses histoires poignantes, pleines de détails et d'attention.

Lorsqu'elle capturait des réalités et les transformait en expériences avec brio, Christie faisait preuve d'une imagination sans limite. Sa nature vive a rendu ses voyages réfléchis, ce qui lui a permis de dépasser les limites et d'attirer naturellement les gens à elle. Elle a permis aux cultures du monde entier de s'unir grâce à l'œuvre qu'elle a ciselée avec tant de grâce, sans jamais laisser un grain de réalité de côté. Sa compassion pour les gens élevés loin de chez eux et les nouveaux visages qu'elle a rencontrés au cours de ses voyages a permis à ses récits réalistes, mais étonnants, d'être transformés en histoires enchanteresses, sans être trop farfelues.

La sculpture narrative était pour elle un travail d'amour, culminant dans le doux polissage des premières impressions en œuvres artisanales. Chaque lieu était enrichi par son attrait et sa beauté, qui donnaient vie à son imagination et constituaient ainsi une riche source pour ses efforts artistiques. Elle a transformé les paysages en mystères, qu'il s'agisse de l'or recouvert de collines inconnues en Irak ou des calculs pittoresques, paisibles et brûlés par le soleil à Istanbul. Elle les a utilisés dans ses livres comme de l'or littéraire. En ce qui concerne les sens et les sentiments, la présence du lecteur est également décrite, tout comme la sensibilité à la culture qui entoure le récit.

La façon dont elle a dépeint les différentes cultures et son point de vue sur la dynamique sociale sont tout aussi novateurs : les « locaux » sont si intelligemment intégrés dans ses intrigues de prédilection. Il est clair qu'elle a réussi à trouver un équilibre entre le culturel et le social, et que son intrigue s'est enrichie de couches intrigantes et complexes. Des patchworks de composants imaginaires et de réalité ont mis en évidence l'essence capturée à travers des voyages fougueux transformés en récits multidimensionnels débordant de vie. En plus d'échapper au simple divertissement, ce guide facilement modulable a intelligemment introduit des blocages sous forme de frontières dans une réalité au-delà des limites que nous rencontrons tous les jours, déplaçant sans effort le monde exposé que nous souhaitons si ardemment explorer.

En résumé, l'enquête imaginative de Christie a dépassé les limites de la représentation d'une intrigue pour inclure des souvenirs sincères et profondément émouvants. La créativité de Christie est marquée par son regard sur le monde, qui reste fascinant dans toute sa variété, faisant de ses œuvres littéraires des trésors éternels.

Des personnages aux accents étrangers : Donner vie aux décors

Alors qu'Agatha Christie voyageait à l'étranger avec son mari Max Mallowan, elle a été confrontée à des cultures somptueuses. Les lieux qu'une personne visite au cours de sa vie sont une source d'inspiration. Les divers voyages culturels d'Agatha Christie sont riches en personnages et en thèmes mémorables qui sont magnifiquement tissés dans ses histoires.

Lors de ses voyages, Christie a rencontré des personnes aux traits vraiment uniques. Ces caractéristiques façonnaient leur caractère de la plus belle des manières, et Christie n'a pas perdu de temps pour les mettre à profit.

Croyez-moi, chaque région a son charmant propriétaire de café, et dans ce cas-ci, il s'agit d'un Turc. Ces personnages ont été intégrés à la structure déjà étonnante des histoires de Christie, ce qui a contribué à les rendre remarquables.

Christie était désireuse de connaître le monde qui l'entourait. Les personnes qu'elle rencontrait étaient profondes et riches, et comme elle était à la fois une observatrice attentive et une conteuse hors pair, elle élaborait des récits incroyables avec précision. Ses personnages n'étaient en aucun cas superficiels. Au contraire, ils se présentent comme des individus riches et complexes, prêts à s'embarquer pour le voyage imaginé par Agatha elle-même.

En outre, la description évocatrice par Christie de la beauté de son environnement étranger démontre sa compréhension sophistiquée et son amour du monde. Ses récits détaillés et ses représentations précises des marchés animés d'Istanbul et des oasis du Moyen-Orient ont captivé l'imagination des lecteurs, qui ont eu envie de voyager dans ces lieux exotiques.

En outre, en fusionnant les histoires de ses personnages avec le développement de ses intrigues situées dans des lieux exotiques, Christie a déplacé les frontières de la narration traditionnelle vers des mondes multidimensionnels et absorbants, remplis de récits complexes et d'une littérature sophistiquée. Servant à la fois de conteurs et de gardiens de ces royaumes captivants, ses personnages représentaient la myriade de cultures dont ils étaient issus, ce qui les rendait compréhensibles pour le public.

En intégrant des personnages de différentes nationalités dans ses livres, Agatha Christie a capturé la richesse des cultures humaines tout en montrant les possibilités infinies de la narration et de l'imagination, ouvrant ainsi la voie aux futurs auteurs

Collaboration et compagnonnage : La synergie entre Agatha et Max

La relation entre Agatha Mallowan et l'archéologue Max Mallowan montre comment un mariage peut être à la fois personnel et professionnel. La connaissance approfondie qu'a Max des différentes cultures, de l'histoire et de la représentation théâtrale des différents lieux géographiques a permis à Agatha d'incorporer de multiples facettes à ses œuvres. En accompagnant Max lors de plusieurs fouilles au Moyen-Orient, Agatha a pu découvrir l'effervescence des civilisations anciennes et des merveilles archéologiques. Cette simple exposition lui a offert un immense matériel et a préparé une base pour ses romans et ses histoires, les rendant ainsi dignes d'éloges. Grâce à ses connaissances en archéologie, Max a permis à Agatha d'affiner ses compétences littéraires en lui présentant certaines des intrigues qu'il avait esquissées et qui témoignaient de sa compréhension de la civilisation. Cette collaboration a également permis d'intégrer des éléments narratifs adéquats dans les écrits d'Agatha. Les exemples ci-dessus ne sont que quelques exemples de ce que l'on peut appeler des stimuli inspirants qui ont alimenté la créativité d'Agatha tout au long de sa vie, mais il y en a encore d'autres. Non seulement ses voyages lui ont permis de découvrir des pratiques culturelles variées et inspirantes, mais les traditions et les différents types de personnes ont aussi profondément marqué son imagination. Cela l'a ensuite inspirée dans son travail créatif.

Max a accompagné Agatha lors de ses nombreux voyages à travers l'Europe. Leurs voyages ont été l'occasion de faire des recherches archéologiques et d'élargir la vision de la vie d'Agatha. Il est évident que le lien qu'ils ont tissé a renforcé la capacité d'Agatha à construire des intrigues complexes dans ses livres. Bien que Max n'ait pas été la source d'inspiration directe de certaines de ses œuvres, Agatha a toujours écrit de manière à donner l'impression à ses lecteurs qu'il l'était. De plus, le sentiment de sa présence capturé dans ses livres, ainsi que la profonde romance qu'elle entretenait avec lui, sont trop précieux pour être laissés de côté. Ils mêlent sans peine une imagination débordante et une attention méticuleuse à l'exécution, donnant vie à des idées informes grâce à une synergie remarquable entre les fantasmes parlés d'Agatha et l'intellect érudit de Max.

Mystères et mythes : l'intégration des légendes anciennes

Agatha Christie et son mari, Max Mallowan, étaient des archéologues qui exploraient les mythes et les légendes du Moyen-Orient. L'intégration de la culture locale dans l'œuvre de Christie a été profondément inspirée par les mythes et légendes du Moyen-Orient, ce qui a contribué à poser les jalons de sa carrière littéraire. Christie s'est inspirée des reliques mésopotamiennes, égyptiennes et autres vestiges anciens pour construire les riches tapisseries des civilisations perdues dans ses mystères mondialement connus, pleins d'énigmes et de mythes. Christie était une auteure douée, et chaque artefact découvert au cours des fouilles menées par son mari et elle suscitait en elle un élan de créativité. Le puissant mélange de folklore, d'archéologie et d'histoire a fourni à Christie un terrain fertile pour élaborer ses intrigues complexes, qui ont touché des lecteurs du monde entier. Ses écrits étaient magiques parce qu'elle mêlait les mystères anciens à la civilisation moderne. Elle était innovante et, grâce aux mythes, elle a capté l'intérêt d'un nombre incalculable de personnes dans le monde entier à travers ses romans, haletant d'excitation et attendant de tourner les pages des professeurs de romans ultra-mystérieux.

Avec des observations astucieuses et un profond respect pour l'histoire, elle a su capturer l'essence de ces récits anciens et les a présentés sous forme de mystère et de suspense. Ainsi, ses romans ont constitué un nouveau témoignage de ses talents de conteuse et sont devenus un hommage aux vieux mythes. En outre, les décors évocateurs et les personnages charismatiques de Christie se marient parfaitement avec les sous-entendus mythiques, permettant aux lecteurs de revivre les expériences d'époques révolues à travers des contrées lointaines. En incorporant des légendes dans ses histoires, Christie a transformé la fiction policière en un examen des mythes et des mystères anciens. Ces éléments indéniablement frappants rendent ses œuvres bien plus profondes qu'un simple divertissement. Le mélange du passé et du présent, de la réalité et du mythe, confère à ses œuvres une signification plus profonde et offre à de nombreux lecteurs une nouvelle perspective culturelle. Ce faisant, Agatha Christie est devenue un maître du roman policier, brodant les pages d'une imagination débordante entrelacée de mythes anciens présentés dans des détails exquis.

Défis à l'étranger : Écrire loin de chez soi

Pour Agatha Christie, écrire à l'étranger représentait de nombreux défis. Chacun d'entre eux s'inscrit dans le cadre de l'évolution de Christie dans son métier et en tant qu'individu. Des endroits tels que le Moyen-Orient posent à Christie des problèmes logistiques tels que l'accès aux ressources essentielles, les barrières de communication, et même les fuseaux horaires et les différences de climat. Au milieu de ces problèmes pratiques, elle a également dû trouver un équilibre entre la participation active à la vie culturelle de son environnement et sa discipline d'écriture. Le déplacement de son lieu d'écriture préféré a contraint Christie à modifier ses processus créatifs. Christie s'est inspirée des paysages, des gens et des coutumes qui l'entouraient, ce qui lui a permis de créer des personnages et des décors captivants qui enchantent encore les lecteurs aujourd'hui. Par ailleurs, l'absence du réseau de soutien habituel l'a obligée à faire preuve d'une immense volonté pour rester concentrée sur son travail. Elle est restée connectée aux mondes qu'elle a créés, quelle que soit la distance, et son écriture est devenue un moyen de combler le fossé émotionnel qui la séparait de son foyer.

Outre les problèmes de voyage, Christie a également dû faire face au déséquilibre entre son style de vie aventureux et l'écriture. Ses voyages comprenaient des excursions éprouvantes et des travaux d'excavation minutieux avec son mari, Max Mallowan, ce qui lui laissait peu de temps pour écrire. Au lieu de considérer ces défis comme des obstacles, elle a su les utiliser comme des opportunités pour ajouter une réelle profondeur à ses récits grâce à ses expériences à l'étranger. Christie a pu relever ces défis aux multiples facettes et s'adapter à des lieux différents, ce qui a considérablement accru sa créativité. En fin de compte, le fait de travailler loin de chez elle a permis aux œuvres littéraires de Christie d'acquérir une perspective mondiale plus approfondie, tout en mettant en évidence sa passion pour son travail et en consolidant son héritage en tant que Reine du crime.

Conclusion : Une œuvre remarquable qui a su conserver son attrait exotique

L'attrait exotique de Christie captive les lecteurs grâce à sa créativité et à sa narration vivante, incluant des cultures, des terres et des régions importantes. Elle décrit les lieux merveilleux avec beaucoup de soin, en y intégrant la culture et les détails. La campagne anglaise, les rues animées d'Istanbul ou encore les paysages ensoleillés du Moyen-Orient sont autant d'exemples qu'elle décrit avec une telle vivacité qu'ils créent des images mémorables qui perdurent au-delà des dernières pages du livre.

Ce qui distingue Christie des autres auteurs, c'est sa capacité à cerner le caractère des lieux et à mêler l'émerveillement et le mystère à ses observations de première main dans ces pays. Ses voyages à l'étranger avec son mari, Max Mallowan, ont inspiré la plupart des histoires qu'elle a écrites. Cela confère à son œuvre une authenticité et une profondeur nouvelles. Depuis des décennies, elle capte l'attention et l'imagination des lecteurs grâce à des itinéraires qui transcendent les cultures et les frontières et trouvent un écho dans le monde entier.

En outre, l'attrait exotique qui captive le public depuis si longtemps ne se limite pas au décor. Il se trouve au cœur même de la narration de Christie. En intégrant la culture, les coutumes et les traditions locales, elle donne à ses récits un air d'authenticité et un flair exotique inégalé. Ses observations et son approche sensible de la culture transforment ses décors en un festin pour les sens, enveloppant les lecteurs dans un monde d'intrigues.

De plus, les inspirations exotiques de Christie soulignent la résonance intemporelle et la pertinence de ses œuvres. Ses lecteurs ne sont pas seulement transportés dans une autre époque, mais aussi dans des lieux lointains qui restent captivants. La maîtrise de Christie dans la création de mystères riches et captivants sur fond d'exotisme garantit la pertinence de ses œuvres pendant des années et invite les nouvelles générations dans les mondes magiques qu'elle a créés.

Le charme irrésistible et durable des récits exotiques d'Agatha Christie témoigne de son art de dépeindre la beauté et la mystique des pays lointains. Par ses descriptions, ses réflexions et ses récits, elle a créé et baptisé un héritage qui continue de captiver et d'inspirer, de sorte que ses œuvres restent de splendides joyaux adorés pour leur attrait exotique toujours vivace.

8
De la page à l'écran

Adapter Agatha pour un nouveau public

Adaptations

Lisez les livres d'Agatha Christie ; vous apprécierez les intrigues profondément tissées et les personnages fascinants. Ses romans sont appréciés dans le monde entier. Grâce aux progrès technologiques, ses romans sont passés de la prose à la narration visuelle, ce qui est remarquable. Ce changement est un point clé dans le monde littéraire, qui suscite la curiosité quant aux obstacles et aux réussites de la transformation de ses romans en films.

Agatha Christie est peut-être l'un des écrivains anglais les plus célèbres dont les œuvres sont très lues. L'étude de l'adaptation de ses œuvres dans différents médias permet de comprendre pourquoi ses histoires sont si attrayantes et comment elles évoluent avec le temps. L'histoire de l'adaptation se déroule dans une société littéraire riche et se concentre sur la façon dont ses histoires résonnent dans différentes cultures et langues. Les adaptations font franchir de nouveaux paliers à la littérature, chacune racontant des histoires plus riches que la précédente. Ce changement est fascinant parce que nous pouvons nous concentrer non seulement sur le contenu, mais aussi sur la façon dont il se transforme et se comporte lorsqu'il est raconté sous différentes formes, en particulier lorsqu'il s'aventure dans le domaine visuel.

Cette étude est un hommage révérencieux à la combinaison d'une narration puissante et de l'adaptation, tout en illustrant la traduction d'œuvres littéraires bien-aimées en récits visuels captivants. Au fil de ce voyage, nous explorons les subtilités de l'adaptation et célébrons l'impact inégalé de Christie sur les sphères de la littérature et du divertissement.

De la prose aux images : Les défis de la traduction

La métamorphose de la prose en images est un voyage semé d'embûches dans le cas de la littérature d'Agatha Christie. L'univers littéraire de Christie exige un équilibre délicat entre créativité et détails méticuleux lors du passage de la prose aux médias visuels. L'un des principaux défis à relever consiste à retranscrire les personnages réalistes de Christie ainsi que ses intrigues complexes, tissées avec minutie dans sa prose. L'adaptation de ses œuvres à l'écran doit préserver le suspense caractéristique de ses histoires, et pour cela, chaque nuance, chaque fausse piste et chaque indice doivent être méticuleusement transférés. Cette tâche exige un dévouement et un respect inébranlables pour l'œuvre originale.

En outre, les changements de support exigent une reconceptualisation des décors, de l'atmosphère et de l'ambiance. Le défi consiste à reproduire avec précision l'esthétique unique de chaque histoire et à veiller à ce que l'aspect visuel suive l'imagerie vivante issue de la prose de Christie. Cette tâche est extrêmement minutieuse dans les détails, précise dans l'histoire et nécessite de comprendre les intentions de l'auteur.

Par ailleurs, l'adaptation des œuvres de Christie à un nouveau public présente un charme supplémentaire qui dilue le charme original, et pose des défis importants. Les adaptateurs doivent faire face à l'évolution des normes sociales, aux progrès technologiques et aux changements culturels, tout en essayant de conserver le charme intemporel des récits de Christie. En d'autres termes, il s'agit d'un équilibre périlleux entre l'attrait intemporel et la perspective moderne. Cet équilibre est délicat, car il exige des adaptateurs qu'ils respectent l'œuvre originale tout en la rendant pertinente et attrayante pour le public contemporain.

Il est tout aussi compliqué de transposer à l'écran les dialogues et les subtilités psychologiques sous-jacentes des romans de Christie. Ce sont les batailles d'esprit, les hiérarchies sociales et même les frictions entre les personnages qui doivent être dépeintes avec délicatesse pour conserver leur pouvoir dans les reproductions adaptatives, car elles définissent l'histoire. Ces éléments ne sont pas seulement des points de l'intrigue, mais font partie intégrante des personnages et de leur développement. Les nuances nécessaires pour dépeindre l'essence de la psyché et des motivations de chaque personnage sont soulignées par la profondeur de l'écriture de Christie, qui exige des talents de conteur remarquablement stimulants.

Dans le monde du spectacle, la « Agatha Christie Theatre Company » détient officiellement les marques déposées où les œuvres théâtrales captivantes de Christie ont pris vie sous la forme de productions populaires dans différents pays. Partout dans le monde, le théâtre Eagle's Eye a accueilli des productions étonnantes d'étudiants. Ces installations ont accordé une attention particulière à chaque détail, jusqu'au cadre de la partie centrale du rideau du théâtre Agatha Christie - désolé, maître conteur.

Analyser les adaptations clés : De la scène à l'écran

Agatha Christie est considérée comme ayant inspiré plus

de 75 films, dont trois sans rapport avec ses œuvres. Aujourd'hui, presque toutes les productions Emmediate ont adopté ses histoires, en négociant et en collaborant avec ses ayants droit. Chacune d'entre elles a réalisé des testaments historiques ressuscitant des personnages presque androïdes noyés dans des récits cinématographiques grandioses basés sur un montage d'intrigues de Christie et de fables cinématographiques. Elle constitue aujourd'hui une source d'imagination inépuisable et vivifiante pour les enfants du cyberpunk et les studios d'animation traditionnels. Ses œuvres continuent d'inspirer de nouvelles générations d'artistes et de conteurs, constituant une riche source de matériel pour la réinterprétation et l'adaptation créatives.

Grâce au transfert de la scène à l'écran, le public peut désormais voir chaque nuance des mystères de Christie se dérouler dans des détails étonnants. Les adaptations ont su tirer parti des caractéristiques des médias visuels en intégrant une cinématographie et des décors époustouflants pour dépeindre l'univers d'Agatha Christie de manière convaincante. En outre, l'œuvre de Christie a grandement bénéficié d'une conception sonore et d'une partition musicale qui ont renforcé la tension et le drame dans ses récits.

Elles se sont également concentrées sur le portrait de personnages chers à Christie, comme Hercule Poirot et Miss Marple. Les réalisateurs doivent choisir des acteurs capables de reproduire les traits et les manières des personnages pour que le passage de la page à l'écran se fasse sans heurts. Lorsque le public s'intéresse à ces adaptations, le fait d'incarner ces personnages ravive l'affection que leur portent les fans, à la fois attachants et captivants.

Comme nous l'avons vu précédemment, le passage d'une histoire de la scène à l'écran est une tâche qui implique de simplifier les récits complexes en des versions plus digestes sans perdre l'essence de l'histoire. Dans le cas de l'œuvre de Christie, préserver la profondeur de l'intrigue à travers la transformation est une entreprise complexe, mais gratifiante. Elle rend l'adaptation à la fois accessible et attrayante, et répondre aux attentes des fans comme de ceux qui ne le sont pas devient un défi qui exige un haut niveau de créativité et de talent artistique. Les réalisateurs et les scénaristes ont cherché à capturer l'essence des intrigues de Christie en utilisant des techniques de narration innovantes, incluant des flashbacks complexes et d'autres moyens non verbaux, pour garantir une expérience captivante aux téléspectateurs.

En analysant ces adaptations majeures, il devient évident que le passage de la scène à l'écran n'a pas seulement poli des éléments qui restent attrayants pour les spectateurs, mais qu'il a également servi à célébrer l'héritage d'Agatha Christie. Dans la section suivante, nous allons nous plonger dans les portraits emblématiques et mettre en lumière certains des acteurs qui ont joué un rôle important dans la formation de ces personnages chéris, ce qui témoigne de l'influence durable de l'œuvre de Christie.

Portraits emblématiques : Des acteurs qui donnent vie aux personnages

Dans les adaptations des œuvres d'Agatha Christie, le portrait des personnages est partie intégrante de la tentative de donner vie à ses histoires à l'écran. Afin d'honorer l'œuvre de Christie, les acteurs choisis pour incarner ces personnages sont importants, car ils doivent être capables de les représenter de manière convaincante.

Dans l'histoire des adaptations d'Agatha Christie, il y a plusieurs interprétations qui ont été bien réalisées et qui ont impressionné de nombreux téléspectateurs. L'une d'entre elles est l'interprétation d'Hercule Poirot par David Suchet dans la série télévisée de longue durée « Agatha Christie's Poirot » qui, à l'instar des adaptations contemporaines des romans de Poirot, est louée pour avoir capturé toutes les habitudes et les manières de Poirot que Christie décrit dans ses livres. En effet, la description exhaustive par Suchet des habitudes de Poirot et sa compréhension du personnage ont valu à l'interprète à la fois des éloges et du mépris, mais l'appréciation des lecteurs des œuvres littéraires a été écrasante.

Joan Hickson et Geraldine McEwan sont d'autres actrices qui ont joué Miss Marple et ont incarné le personnage de manière remarquable, tout en restant fidèles à son esprit et à son caractère.

Outre l'importance des personnages principaux, les personnages secondaires ont grandement contribué aux histoires d'Agatha Christie. Du charmant capitaine Hastings, qui assiste Poirot, au mystérieux M. Satterthwaite dans Tales of Harley Quin, ces personnages secondaires ajoutent de la valeur à l'univers de Christie.

Les acteurs ont pour tâche de donner vie à des personnages créés à partir de la tapisserie aux multiples facettes d'Agatha Christie. Les traits distinctifs, les motivations et les complexités éthiques des personnages dont on raconte l'histoire sont portés à un tout autre niveau par les interprètes, ce qui va bien au-delà de ce qu'impliquerait une adaptation sous une forme purement visuelle.

Dans certaines situations, certaines parties peuvent être tellement adorées qu'une adaptation modifie définitivement la perception du personnage. Ce fut le cas lorsque le talentueux Kenneth Branagh a interprété le rôle emblématique d'Hercule Poirot dans Meurtre dans l'Orient Express en 2017. Outre l'aura dorée qui entoure le rôle, Branagh a eu l'occasion de présenter son interprétation du célèbre détective, permettant ainsi à son public de revisiter Poirot tout en profitant de tous les aspects modernes apportés à ce personnage intemporel.

En examinant les adaptations des œuvres d'Agatha Christie, il est frappant de voir comment les acteurs interprètent ses personnages, reflétant ainsi la puissance de ses histoires. Ces adaptations garantissent que l'esprit d'Agatha Christie perdure et que son héritage se perpétue même dans les interprétations visuelles, où elle est connue sous le nom de « Reine du crime ».

Libertés créatives : Équilibre entre fidélité et innovation

Chacun des romans et des histoires de Christie est intemporel, ce qui représente un défi. Il faut trouver un équilibre entre le respect du contenu et la création de réinterprétations qui captent l'imagination de tous les publics. Les adaptations qui intègrent de nouveaux éléments nécessitent une bonne connaissance du matériau d'origine ainsi que des approches innovantes pour capter l'intérêt des spectateurs restants.

Pour préserver la spécificité d'un personnage, les intrigues complexes et les caractères distinctifs de Christie sont essentiels si l'on souhaite rester fidèle à l'auteur. Les changements requièrent de trouver un équilibre entre le cœur de ses récits et la nécessité de les rafraîchir pour le public moderne. Dans ce cas, l'adaptation n'est pas synonyme de liberté incomplète ; il faut suivre, et prêter une grande attention aux détails, tout en honorant l'œuvre, l'intention, le style et l'approche originaux de l'auteur.

Mais l'innovation dans l'adaptation des contes de Christie pour le public contemporain est tout aussi importante. En effet, les adaptateurs ajoutent de nouvelles perspectives à des histoires familières, ce qui implique de modifier les relations entre les personnages, les décors et parfois même l'ensemble du récit. Ces adaptations oscillent entre tradition et actualisation, tout en respectant et modernisant simultanément les mystères fascinants de Christie.

L'une des caractéristiques socioculturelles des œuvres de Christie est l'équilibre entre les interactions entre les sexes et la hiérarchie sociale. Les contemporains de Christie seraient enclins à prendre en compte ces changements, mais ils le feraient avec humour et proposeraient des voix sympathiques ou des récits alternatifs aux normes sociétales dominantes qui réduisent activement au silence les personnages des histoires de Christie. Cette approche permet non seulement d'enrichir les histoires, mais aussi d'engager des discussions importantes sur la représentation des personnes à travers les récits.

L'innovation se manifeste également dans la manière dont les adaptations sont réalisées sur les plans visuel et auditif. Les adaptations cinématographiques et télévisuelles s'efforcent de capturer les mondes sophistiqués dans lesquels se déroulent les récits de Christie grâce à une approche approfondie de la cinématographie, de la conception sonore et de la production, améliorant ainsi l'expérience du spectateur tout en préservant l'essence de l'œuvre originale.

En outre, les adaptations modernes utilisent des technologies avancées, telles que les effets numériques et le multimédia, pour élaborer de manière complexe les différentes couches d'un récit. Ces innovations élargissent le champ de la créativité, mais il faut veiller à ce que l'élégance sans effort de Christie reste au centre des préoccupations.

En fin de compte, l'équilibre entre fidélité et innovation dans l'adaptation des œuvres d'Agatha Christie exige à la fois d'apprécier la profondeur de son corpus littéraire et d'avoir l'audace créative de transformer des classiques intemporels. Cet équilibre garantit que de nouveaux publics continuent à découvrir l'enchantement de ses histoires, assurant ainsi leur pertinence à travers les époques.

Une portée mondiale : Naviguer dans les transitions culturelles

Les œuvres d'Agatha Christie ont acquis une portée mondiale car elles sont uniques dans chaque culture. Le problème de l'adaptation culturelle se pose toujours lorsque ses œuvres sont intégrées dans des cultures différentes. Presque tous ses livres ont fait l'objet d'une adaptation, et leur traduction implique un jeu complexe d'étiquette et de normes sociétales. Les énigmes culturelles qui ont façonné les histoires de Christie pour les publics internationaux nécessitent une compréhension profonde, une recherche minutieuse et une appréciation des particularités de chaque culture. Il est également important de comprendre à quel point les attitudes à l'égard du crime, du mystère et de la justice diffèrent d'une région du monde à l'autre.

Comprendre comment les différentes cultures

perçoivent les nuances de la langue et de l'histoire est crucial pour naviguer dans ces transitions culturelles. L'implication de nombreux collaborateurs est essentielle pour maintenir l'authenticité culturelle des interactions entre les personnages. Cela soulève une question fondamentale : comment les différentes cultures interagissent-elles avec les personnages et leurs réponses ? Ces efforts sont non seulement essentiels pour comprendre l'œuvre de Christie, mais aussi pour l'adapter à la présentation et à l'acceptation dans diverses sociétés à travers le monde.

L'immersion du public est facilitée par des adaptations interculturelles très réussies, soigneusement conçues pour respecter les cadres socioculturels. Ces adaptations fonctionnent aux niveaux local et régional, en intégrant les coutumes et les traditions de la société. Elles permettent aux gens de saisir l'essence des différentes cultures et d'apprécier les conflits et les émotions sous-jacentes qui transcendent les personnes de différentes cultures.

Les transitions culturelles permettent d'approfondir les récits originaux grâce à l'apport de nouvelles idées et perspectives. Les cadres qui favorisent la diversité et l'inclusion aident à faire revivre les œuvres classiques de Christie, en les adaptant à un monde en mutation tout en garantissant leur pertinence à long terme. Une approche prudente des différences culturelles améliore la narration globale tout en préservant l'héritage d'Agatha Christie pour les années à venir.

Relectures modernes : Engager les nouvelles générations

La narration est un art qui nécessite d'être retravaillé en fonction des cultures et des générations. Les histoires de Christie ont été réécrites pour les spectateurs contemporains, où les traditions sont mélangées aux attentes modernes. Ces adaptations trouvent un équilibre délicat entre l'originalité des œuvres de Christie et l'attrait contemporain nécessaire pour séduire les spectateurs d'aujourd'hui. Dans les relectures modernes telles que « Pale Horse » et « ABC Murders », les spectateurs sont captivés et provoqués à l'aide de moyens visuels et narratifs contemporains. Les adaptations ne cherchent pas à reproduire les œuvres originales, mais plutôt à les réimaginer. Pour y parvenir, elles utilisent des cadres conceptuels solides afin d'attirer le nouveau public. En outre, pour répondre aux besoins du nouveau public, il est prévu d'utiliser des technologies et des valeurs de production haut de gamme pour obtenir une esthétique qui réponde aux normes modernes. En conciliant l'héritage du texte original et l'innovation contemporaine, les histoires de Christie continuent de vivre à travers ses adaptations, désormais présentées à un public averti.

En outre, ces interprétations modernes offrent la possibilité d'aborder les thèmes et les personnages sous un angle contemporain, suscitant ainsi des réflexions et des conversations sur les aspects incessants de la nature humaine, de la moralité et de la justice. En réinterprétant les œuvres de Christie, elles rendent hommage aux pierres angulaires de ses récits tout en les intégrant à la société d'aujourd'hui. Dans cette optique, ces adaptations contribuent à maintenir la pertinence des œuvres de Christie, permettant à ses histoires de rester significatives pour de nombreuses générations futures.

Réception critique : Comment les adaptations résistent à l'épreuve du temps

Comme la plupart des autres œuvres littéraires, les adaptations de Christie font l'objet d'un examen critique sévère, car elles ne rendent pas l'originalité de ses intrigues et de ses personnages complexes. Les critiques de ces adaptations ont souvent débattu de la frontière ténue entre le respect du matériau d'origine et la tentative de le rendre plus vivant pour le public moderne. Comme pour toute autre œuvre d'art, la critique des adaptations de Christie tend à se concentrer sur les décisions prises par les réalisateurs, les scénaristes et même les acteurs qui interprètent ses personnages fictifs.

La représentation de personnages bien connus tels que Hercule Poirot et Miss Marple fait toujours l'objet d'une attention particulière. Ces personnages emblématiques présentent différents traits et manières dans les romans de Christie ; leur adaptation à l'écran est donc très attendue. Traditionnellement, les critiques analysent la façon dont les acteurs qui interprètent ces rôles sont remarqués. Il est également noté que la performance d'un acteur est presque toujours destinée à être comparée à celle de ses prédécesseurs ou de ses contemporains. En outre, la représentation des histoires de Christie, marquées par la complexité et les révélations étonnantes, dans le cadre d'une « portée » particulière de la narration, fait également l'objet d'une critique. Les adaptations sont critiquées et évaluées en fonction de leur capacité à recréer l'esprit de suspense et d'intrigue qui caractérise l'écriture de Christie.

Les autres éléments de la présentation visuelle et de l'art esthétique sont tout aussi importants, car ils constituent la base de l'évaluation de l'adaptation. Chaque plan de caméra, chaque décor et chaque costume sont des éléments constitutifs de l'adaptation et de l'interprétation des mots de Christie sous forme visuelle. Les critiques évaluent dans quelle mesure ces éléments guident et ouvrent la voie au public pour qu'il fasse l'expérience de l'environnement dans lequel se déroulent les histoires. Il est également très important de fournir des dates précises et une histoire détaillée afin de préserver le charme et l'authenticité des histoires de Christie.

Un autre aspect clé souligné par les critiques des adaptations est la prise en compte des rebondissements et des résolutions de l'intrigue. Les adaptations sont examinées en détail afin de déterminer si elles conservent la valeur choc des dénouements astucieux et peu orthodoxes de Christie. Les critiques accordent également une grande attention au suspense, à la montée en puissance de l'action et à la résolution des tournants et des étapes marquantes, soulignant l'importance du maintien de la tension, qui fait partie intégrante de l'œuvre de Christie. L'accent mis sur la tension maintient l'attention du public et le rend impatient de connaître la suite de l'histoire.

En outre, l'impact de l'adaptation au fil du temps et sa pertinence restent un sujet de discussion central pour les critiques. Il est sans aucun doute difficile d'évaluer le degré de modernité des attentes d'un public en ce qui concerne la pertinence du récit intemporel de Christie. Cela devient frustrant lorsqu'on tente de découvrir quels aspects de ces adaptations leur permettent de survivre dans le paradigme en constante évolution du cinéma.

L'adaptation des œuvres de Christie à différentes formes de médias n'est pas sans poser de problèmes. Chaque média possède en effet ses propres contraintes et opportunités, et l'adaptation d'une œuvre d'un média à l'autre nécessite une prise en compte minutieuse de ces facteurs. En fin de compte, les adaptations de Christie soulignent l'importance d'honorer les idées de l'auteur tout en essayant d'attirer un public plus large. Celles qui s'efforcent de maintenir le style inégalé de Christie lui rendent hommage, mais revendiquent en même temps son règne dans le monde de la relecture visuelle, signifiant la véritable divergence de ses récits adaptés à différentes formes de médias.

Impact sur l'héritage de Christie : Les éditeurs s'expriment

La transposition des œuvres de Christie sur différentes plateformes aura, sans aucun doute, un impact sur son héritage en tant qu'écrivain. Chaque éditeur se souvient de ses adaptations et, à sa manière, exprime l'impact qu'elle a eu et continue d'avoir sur la littérature. En tant que conteurs d'histoires, les adaptations de Christie seront toujours pertinentes, intemporelles et demandées.

Les patrons de la succession d'un auteur, dans la plupart des cas les éditeurs, doivent trouver un équilibre entre la préservation d'un héritage et sa présentation d'une manière qui parle à la culture d'aujourd'hui. Les éditeurs de Christie's, en particulier, comprennent comment ses livres ont été traduits en films et comment la réception des lecteurs et du public, qui a plus ou moins influencé la dynamique autour de son œuvre, a été cruciale.

En discutant avec Ago, les éditeurs ont remarqué que ses mystères ont été transformés en films et ses romans en pièces de théâtre ou en comédies musicales. Ils expriment leur admiration pour la créativité des adaptations et leur crainte de simplifier à l'excès les textes originaux. Ils se concentrent sur l'intrigue, le développement des personnages et le placement délicat des indices dans ses contes et mystères enveloppés dans des guides de voyage, appelés romans, qui forment ensemble le genre du whodunit. En outre, ils soulignent la nécessité de préserver l'originalité tout en apportant des éléments nouveaux pour répondre aux normes contemporaines.

Ces éditeurs commentent l'efficacité avec laquelle les adaptations ont donné vie à un nouveau public de lecteurs et de spectateurs des romans de Christie, à une époque précise. Ils soulignent que les adaptations ont, en effet, conservé les principes fondamentaux de la narration de Christie et, en même temps, relancé l'intérêt pour ses vastes œuvres. En outre, ils soulignent le cycle des adaptations et la popularité soutenue de ses romans, qui ne cessent d'attirer de nouveaux fans du monde entier.

Ces conversations montrent clairement que la diffusion des œuvres de Christie auprès de divers publics est un effort collectif qui implique des éditeurs, des producteurs et d'autres professionnels de la création, révélant ainsi de nouveaux niveaux de collaboration. La façon dont les éditeurs ont façonné les interprétations contemporaines des œuvres de Christie montre comment les adaptations ont un impact sur l'influence littéraire durable à une plus grande échelle. Elles dépeignent une triple dépendance dominante à l'égard de ses histoires et de la chaîne de mots charismatique, intemporelle et ingénieuse qu'elle a écrite pour tisser son imagination.

En regardant à travers les yeux des éditeurs engagés, il est clair que les versions adaptées des œuvres de Christie restent en circulation car elles honorent son héritage et aident à propager l'attrait transcendantal de ses histoires pendant des décennies. Leurs observations montrent que la maîtrise de la narration de Christie reste inégalée, mettant en évidence des éléments de son étrange capacité à créer une mystique intemporelle, captivant même au-delà de la mort pour les siècles à venir.

Conclusion : Adapter Agatha pour les publics futurs

La transposition des œuvres de Christie sur différentes plateformes aura, sans aucun doute, un impact sur son héritage en tant qu'écrivaine. Chaque éditeur se souvient de ses adaptations et, à sa manière, exprime l'impact qu'elles ont eu et continuent d'avoir sur la littérature. En tant que conteurs d'histoires, les adaptations de Christie seront toujours pertinentes, intemporelles et demandées.

Les patrons de la succession d'un auteur, dans la plupart des cas les éditeurs, doivent trouver un équilibre entre la préservation d'un héritage et sa présentation d'une manière qui parle à la culture d'aujourd'hui. Les éditeurs de Christie's, en particulier, comprennent comment ses livres ont été traduits en films et comment la réception des lecteurs et du public, qui a plus ou moins influencé la dynamique autour de son œuvre, a été cruciale.

En discutant avec Ago, les éditeurs ont remarqué que ses mystères ont été transformés en films et ses romans en pièces de théâtre ou en comédies musicales. Ils expriment leur admiration pour la créativité des adaptations et leur crainte de simplifier à l'excès les textes originaux. Ils se concentrent sur l'intrigue, le développement des personnages et le placement délicat des indices dans ses contes et mystères enveloppés dans des guides de voyage, appelés romans, qui forment ensemble le genre du whodunit. Ils soulignent également la nécessité de préserver l'originalité tout en apportant des éléments nouveaux pour répondre aux normes contemporaines.

Ils commentent également l'efficacité avec laquelle les adaptations ont permis d'attirer un nouveau public de lecteurs et de spectateurs de romans de Christie à une époque précise. Ils soulignent que les adaptations ont effectivement conservé les principes fondamentaux de la narration de Christie, tout en relançant l'intérêt pour ses vastes œuvres. Ils soulignent également le cycle des adaptations et la popularité durable de ses romans, qui continuent d'attirer de nouveaux fans du monde entier.

Ces conversations montrent clairement que la diffusion des œuvres de Christie auprès de divers publics est un effort collectif qui implique des éditeurs, des producteurs et d'autres professionnels de la création, révélant ainsi de nouveaux niveaux de collaboration. La façon dont les éditeurs ont façonné les interprétations contemporaines des œuvres de Christie montre comment les adaptations ont un impact sur l'influence littéraire durable à une plus grande échelle. Elles dépeignent une triple dépendance dominante à l'égard de ses histoires et de la chaîne de mots charismatique, intemporelle et ingénieuse qu'elle a écrite pour tisser son imagination.

En regardant à travers les yeux des éditeurs engagés, il est clair que les versions adaptées des œuvres de Christie restent en circulation, car elles honorent son héritage et aident à propager l'attrait transcendantal de ses histoires pendant des décennies. Leurs observations montrent que la maîtrise de la narration de Christie reste inégalée, mettant en évidence des éléments de son étrange capacité à créer une mystique intemporelle, captivant même au-delà de la mort pour les siècles à venir.

Conclusion : adapter Agatha pour les publics futurs

Au terme de l'analyse de la vie captivante d'Agatha et des adaptations qui lui sont associées, il est clair que les spectateurs modernes conservent l'attrait des œuvres de Christie parce qu'elles semblent transcender les récits du temps. L'élégance de l'exécution, la complexité des intrigues et le développement des personnages créés par Christie témoignent de son talent à créer des chefs-d'œuvre ; son œuvre, indépendamment des innombrables adaptations ou interprétations, reste incontestée.

Pour moderniser l'œuvre littéraire d'Agatha Christie et la faire connaître aux publics de demain, il est essentiel de trouver un équilibre entre accessibilité et contemporanéité. Les éditeurs et autres créateurs qui travaillent sur ces adaptations doivent relever le défi de préserver l'éclat de Christie tout en adaptant son œuvre au public moderne et à l'évolution des perspectives sociétales.

La technologie avancée s'accompagne de son propre type de divertissement. La question qui se pose est de trouver des mystères intemporels de Christie qui plaisent au public moderne. Contrairement au passé, la technologie offre aujourd'hui une multitude d'opportunités de réutiliser des histoires classiques en les enrichissant de formes de narration attrayantes, d'astuces visuelles passionnantes et d'éléments captivants qui séduisent les admirateurs chevronnés comme les nouveaux téléspectateurs.

Grâce à ses talents de conteuse, les œuvres de Christie n'ont pas besoin de stratégies marketing poussées pour atteindre un public international. Leur popularité mondiale a mis en lumière la représentation dynamique de multiples cultures dans les adaptations d'Agatha Christie. Toutefois, il faut également veiller à ce que les idées et les messages sous-jacents de Christie restent importants et s'adaptent à de nombreuses cultures sans perdre l'universalité de ses concepts.

Cependant, pour l'instant, les adaptations de Christie offrent un grand potentiel à des publics inconnus et aux générations modernes pour influencer la culture contemporaine et les initier à une narration sophistiquée. De telles adaptations contribuent à l'héritage de Christie et lui permettent d'exercer une influence constante sur les personnes de tous âges, les cultures et les conteurs du monde entier.

9
L'acte de disparition

Le mystère de la vie de Christie

Prélude à la disparition : Préparer le terrain

La célébrité et la carrière de Christie atteignent leur apogée lorsqu'elle disparaît mystérieusement en 1926. Agatha Mary Clarissa Christie est née en 1890 dans la ville côtière anglaise de Torquay. Christie était une romancière, une dramaturge et une nouvelliste dont les titres exceptionnels, tels que Meurtre dans l'Orient Express et Christie's Forensic, ont fait d'elle un brillant écrivain dans le domaine de la fiction. Comme beaucoup de gens, la vie professionnelle de Christie est remplie de réussites, tandis que sa vie personnelle est parsemée d'embûches. La Première Guerre mondiale, le divorce de son premier mari et la difficulté de maintenir sa réputation d'écrivain en font partie. Alors que sa carrière littéraire prend de l'ampleur, Christie s'efforce de répondre aux attentes de ses lecteurs et de l'industrie de l'édition. Les pressions et les complexités croissantes de sa vie personnelle ont créé un conflit qui a modifié l'intérêt du public. En même temps, elles ont préparé le terrain pour faire taire le monde avec l'évasion envoûtante de la reine du crime. Les événements qui ont précédé sa disparition ont mêlé ses engagements professionnels et ses troubles personnels, ce qui a renforcé le suspense de la vie de Christie.

L'analyse de la vie d'Agatha permet de comprendre pourquoi la complexité de son caractère et ses conflits internes ont pu façonner le prochain incident excentrique de la chronologie.

Une disparition soudaine : le jour où elle a disparu

La disparition soudaine d'Agatha, le 3 décembre 1926, a secoué le monde, constituant un événement tragique et inattendu. L'emplacement et la scénographie distincts de sa vie d'écrivain disparu ont suscité la controverse et l'attention des médias, se transformant en un désastre littéraire et international dont la disparition a été l'épicentre. Elle n'avait pas l'intention d'échapper à sa réalité, contrairement à ce que laissent entendre les gens en quête d'espoir ; les vrilles frénétiques des médias ont jeté le blâme partout tout en essayant de répondre aux questions pour aider à la rédaction frénétique de contre-articles. Les derniers morceaux de prose de l'écrivaine disparue étaient éparpillés dans sa maison, attendant de pouvoir mordre, mais incapables de s'échapper. L'attention du pays tout entier était remarquablement focalisée sur ses projets et ses plans, tandis que l'intrigue cachée dans sa vie se déroulait, mais l'on avait oublié qu'elle avait temporairement disparu. Les réponses ont afflué librement, issues de spéculations sauvages et d'un raisonnement ample ; elles ont été accompagnées d'une publicité sans fin. Tous ces facteurs réunis autour de l'incident ont mis sa vie en ébullition, repoussant les limites dans l'espoir qu'elle dépasse l'effort herculéen suscité par sa toile de fond. Alors que les journaux se penchent sur la disparition, chaque détail captive l'attention tandis que les experts se jettent dans la tourmente concrète. L'élan créé l'amène à s'essouffler, tandis qu'un soulagement épique s'installe en même temps qu'une tension qui attend de s'installer à chaque tournant.

La frénésie du public : Les médias et les opérations de recherche

L'enchaînement alarmant d'événements qui a accaparé l'attention du public et les passions médiatiques a été déclenché par la disparition soudaine d'Agatha Christie dans la soirée du 3 décembre 1926. Dans tous les journaux, la disparition d'Agatha fait la une. À cette époque, Agatha est un auteur célèbre. Sa disparition de la vie publique a attiré l'attention des correspondants du monde entier. Une frénésie de ragots s'installe, qui éclipse le lieu réel où elle s'est rendue.

La disparition de Christie a amené la population à s'inquiéter de son état de santé. Ses amis, sa famille et ses admirateurs se sont solidarisés, ce qui a fini par rendre la publicité trop envahissante. Hélas, sa disparition a été largement médiatisée. Sa famille a commencé à faire l'objet d'une attention publique approfondie. Des enquêteurs bricoleurs et des détectives dûment formés ont alors participé aux recherches. Les médias ont immédiatement remarqué le mystère qui entourait cette affaire et ont commencé à l'utiliser comme un nouveau sujet.

Les médias se sont empressés de participer à la chasse aux spéculations sur la disparition de la jeune femme. Chacun a son propre point de vue sur cette disparition ; certains penchent plutôt vers une vague croyance, tandis que d'autres construisent leur monde autour d'elle. Christie n'était pas seulement portée disparue, elle l'était aussi pour les journalistes. Les conjectures fusent de toutes parts et le pays est pris d'assaut. À l'époque de cette controverse, le mystère de la disparition de Christie avait suscité plus que jamais l'intérêt du public. Les journalistes et les journaux semblaient couvrir l'affaire Christie à outrance et, conformément à leur mandat, elle est devenue un spectacle pour toute la nation. Par conséquent, l'inquiétude et l'anxiété suscitées par les mises à jour de l'auteur ont mis en évidence à quel point sa disparition avait affecté la population.

Malgré l'attention soutenue des médias et les spéculations autour de l'auteur, la recherche d'Agatha Christie s'est poursuivie avec une détermination inébranlable. Sa disparition est devenue le centre d'intérêt de toute une nation, attirant à la fois des bénévoles et des citoyens inquiets. Jour après jour, cette chasse collective a pris de l'ampleur, alimentée par les efforts énergiques des forces de l'ordre, qui ont transformé l'objectif collectif en une mission à l'échelle de la communauté.

L'évolution du mystère : Indices et spéculations

De nombreuses théories et allusions ont contribué à accroître le mystère qui entoure la disparition de Christie. Son affaire est devenue un phénomène qui a attiré des gens de tous horizons, ne négligeant aucune piste. Sa croyance en l'emplacement final de la voiture et en la voiture elle-même a poussé les autorités et le public à unir leurs forces.

Diverses théories ont commencé à circuler et des hypothèses injustifiées ont été émises sur les raisons de la disparition de Christie. Certains ont émis l'hypothèse d'une mésaventure, affirmant que quelqu'un l'avait enlevée, tandis que d'autres pensaient qu'elle s'était infligée elle-même cette disparition pour attirer l'attention sur ses romans. Des problèmes personnels associés à des forces extérieures ont parfois conduit à des hypothèses concernant sa décision de se retirer du réseau.

Toutes ces suppositions ont rendu difficile l'extraction d'indices exploitables dans des romans policiers sans intérêt. Néanmoins, les détectives dévoués ne négligent aucune piste, prêts à consacrer du temps et des efforts à la collecte de données et à l'établissement de liens pour parvenir à une conclusion.

Les circonstances entourant la disparition de Christie ont donné lieu à de vastes chasses à l'homme menées par la police avec l'aide de bénévoles et d'habitants de la région. Chaque information, qu'elle soit farfelue ou sérieuse, a contribué à renforcer le mystère entourant la disparition de Christie et son absence.

Le récit toujours changeant de ce mystère a su retenir l'attention des téléspectateurs. Les sociétés d'information sensationnalistes ont exacerbé le problème en fournissant une couverture trompeuse et en alimentant le mensonge existant auprès du public, ce qui a permis à des informations plus facilement manipulables d'entrer dans une situation déjà compliquée.

Pendant que la frénésie s'installait, l'enquête intemporelle continuait à brûler : qu'est-ce qui a poussé Agatha Christie à se retirer de l'attention du public ? Si les hypothèses sont nombreuses, les solutions tangibles manquent toujours, laissant le monde entier dans l'incertitude quant au moment où la vérité sera révélée.

Lever l'énigme : Découverte et conséquences

Le mystère d'Agatha Christie a suscité l'intérêt du monde entier, y compris celui du public et du gouvernement, car toutes les pistes ont été explorées. La disparition de Christie a eu des conséquences profondes qui ont suscité l'inquiétude, des débats intenses et même une certaine hystérie. Tandis que les journalistes tentent d'obtenir toutes les informations disponibles, le monde littéraire suit de près les incidents, presque incrédule devant la réalité qui se déroule sous ses yeux. La découverte de la voiture d'Agatha n'a fait qu'approfondir le mystère. La disparition d'Agatha occupe le devant de la scène et devient un sujet de discussion non seulement pour les romantiques, mais aussi pour sa vie personnelle et son héritage littéraire. Indépendamment des décennies qu'elle a passées à écrire de telles quantités de mots, ce mystère soudain a soulevé de nombreuses questions et a mis en lumière les fragiles ficelles auxquelles elle s'accrochait. L'existence sophistiquée de perspectives publiques parallèlement au réseau complexe de luttes reste sans réponse. Ce mystère collectif, qui a intrigué le monde et impliqué de dures conclusions, les a laissés seuls à se poser des questions. La vérité derrière ce mystère ne réside pas uniquement dans la disparition d'une femme ; la croissance fulgurante de sa célébrité et de son existence bouscule également les attentes de la société.

Lorsque l'on a découvert où se trouvait Agatha, une curiosité brûlante mêlée de soulagement a envahi les esprits, ce qui a permis à tout le monde de se confronter à tant de questions laissées sans réponse.

Les effets persistants de son retour façonneront son histoire et transformeront le regard des lecteurs sur cette écrivaine et les récits énigmatiques qu'elle a tissés.

Derrière le rideau : Le récit et la confession d'Agatha

Vous avez envie de disparaître sans laisser de traces? La vie d'Agatha prouve qu'il est possible de vivre une existence plus pittoresque que n'importe quelle fiction pendant un court instant. À la fin du mois de décembre 1926, Agatha a disparu sans laisser un seul mot ou une seule note à qui que ce soit. De manière désintéressée, des centaines de bénévoles enthousiastes ont exploré chaque recoin à sa recherche, tandis que les médias bombardaient sans relâche la maison de sa famille de questions indiscrètes. En fin de compte, tout ce battage s'est avéré inutile ; à la fin, elle se trouvait dans un hôtel d'Harrogate, attendant que quelqu'un se rende compte qu'elle avait disparu. Alors que le monde extérieur manque d'une page et s'encombre de mythes, elle vit le meilleur des deux mondes. Des spéculations uniques ont inondé l'esprit de tout le monde, y compris le fait que Christie dissimulait une autre identité. Une fois que le calme est revenu et que le chaos s'est dissipé, elle a partagé une description romanesque de ses actions déconcertantes et une confession étonnante. D'après ses dires, sa vie semblait brisée et réduite à néant, ce qui expliquait son stress insondable. Les absurdités qui l'accompagnaient s'ajoutaient à son mode de vie fastidieux et à la touche d'or qu'est la vie sociale. Elle vivait vraiment le cauchemar d'une célébrité. Dans un consensus détaillé, elle a fait une confession remarquable qui a soudainement déconcerté tout le monde, des détracteurs aux croyants en passant par les sympathisants. Son effondrement a certainement dépeint un portrait patriotique de la vendetta non revendiquée sur la vie des célébrités.

En révélant les troubles intérieurs et le conflit qui ont précédé sa disparition, les lecteurs ont pu apprécier son caractère et ses œuvres de manière plus nuancée. Cette révélation explique la synergie unique entre les expériences vécues et l'élaboration d'un récit, illustrant la relation multiforme entre la vie d'un conteur et son œuvre. La contrition de Christie met en lumière le côté vulnérable de la créativité, en soulignant le poids de la tension émotionnelle sur l'imagination de la femme, ce qui transforme radicalement la logique de la souffrance. Aussi frustrant que cela puisse paraître, les couronnes de laurier de l'imagination dévorent leur terreau suggestif. En outre, sa volonté de lutter contre ses démons est compréhensible et permet d'entrer en empathie avec d'autres lecteurs et créateurs dans le domaine des arts et de la littérature. Pour toutes ces raisons, le récit et la confession d'Agatha Christie offrent une description saisissante qui va au-delà de la fiction, explorant les complexités captivantes de l'expérience humaine.

Perspectives psychologiques : L'esprit d'un conteur

Le monde de la littérature a été bouleversé en 1926 par la disparition mystérieuse d'Agatha Christie. Elle était un écrivain de premier plan connu pour sa créativité, qui soulève autant de questions qu'elle n'apporte de réponses. La complexité de la psyché de Christie exige que l'on se livre à une analyse détaillée de ses capacités narratives et de son point de vue sur le monde. Ses remarquables talents d'écrivain découlent de sa compréhension exceptionnelle de la nature humaine, de son comportement et de ses interactions. Sa compréhension et son observation aiguë des actions, des sentiments et des motivations humaines lui ont en effet permis de créer ses personnages emblématiques, ses intrigues élaborées et ses histoires nuancées et à plusieurs niveaux. Ces arguments prennent tout leur sens à la lumière des motivations à l'origine de sa disparition énigmatique. L'esprit de Christie offre une perspective unique qui recèle des possibilités presque infinies et un équilibre délicat entre réalité, imagination et aventures personnelles. Une telle perspective révèle une vulnérabilité brute, exposant une bataille paradoxale pour l'inspiration, alimentée par le besoin de créer un changement. L'étude du processus créatif de Christie à travers un prisme psychologique met en évidence un puissant mélange d'empathie, d'imagination et de vérité émotionnelle, qui ne demande qu'à se déployer au fur et à mesure que les femmes et les hommes naviguent dans le monde vers la réalisation de soi. Par ailleurs, l'examen de la vie de Christie met en évidence les changements qui ont modifié sa réalité, et les histoires qui découlent de ces changements montrent l'évolution de ses idées et de sa cohérence intérieure.

Lorsqu'un lecteur commence à explorer les passages complexes de l'esprit d'Agatha Christie, il est confronté à un mélange passionnant de créativité, d'émotions audacieuses et d'intellect. Christie, de tout cœur et avec passion, possédait le don inégalé de critiquer la perplexité de l'expérience humaine en la transformant en histoires captivantes qui résonnent encore aujourd'hui. L'authenticité de ses personnages les distinguait des autres grâce à la plausibilité psychologique qui caractérise son prologue, lequel représente les œuvres littéraires emblématiques qu'elle a composées. Les prouesses littéraires de Christie la placent parmi les génies de la littérature, en raison de son talent inégalé à révéler les portes bien fermées de la psyché humaine et à expliquer les nombreux phénomènes qui s'y rattachent. Par conséquent, évaluer et raisonner les subtilités psychologiques élaborées dans le cerveau d'un narrateur est fondamental pour comprendre l'impact profond que Christie a eu sur la littérature, ainsi que la complexité qui entoure son personnage captivant. Son œuvre continue de trouver un écho auprès des lecteurs et des chercheurs, transcendant le temps et restant aussi pertinente aujourd'hui qu'elle l'était à l'époque où elle a été écrite pour la première fois.

Analyser les motivations : Pressions personnelles et célébrité

La disparition d'Agatha Christie en 1926 a mis en lumière ses motivations, surtout si l'on considère les pressions personnelles et la célébrité qui l'entouraient. La perception que le public avait d'elle a considérablement façonné le contexte de son identité personnelle et professionnelle. Compte tenu du succès de ses œuvres littéraires et des attentes du public, elle devait faire face à une grande pression pour équilibrer et maintenir sa vie personnelle. Ayant acquis la célébrité en tant que romancière, elle a dû faire face à une pression énorme pour maintenir de manière créative son statut de « Reine du crime ». C'est à cette époque que Christie a pris conscience de la nature écrasante de la célébrité, ce qui a eu un impact considérable sur sa santé émotionnelle. Des problèmes plus personnels, comme la fin de son premier mariage et des difficultés financières, sont venus s'ajouter à la pression accumulée. On peut raisonnablement penser que ces circonstances se sont combinées dans son esprit pour donner lieu à des conflits mentaux internes qui ont abouti à la décision de disparaître. Le récit de Christie est un témoignage convaincant des défis posés par une célébrité sans précédent, qui se juxtapose à une capacité créative et à une endurance psychologique. Une lutte à laquelle beaucoup peuvent s'identifier.

En outre, la nature complexe de la célébrité, qui est généralement perçue comme un luxe, peut constituer un test extrêmement difficile pour la force mentale et l'éthique d'un individu. Cette réflexion sur la célébrité et la pression qu'elle exerce stimule la vie et l'héritage artistique de Christie. En abordant les raisons de sa disparition, nous pouvons explorer l'intensité de la controverse autour de l'identité et de la célébrité, où les luttes personnelles s'opposent à la reconnaissance. Son histoire complexe, entrelacée de vérités universelles, trouve un écho auprès d'innombrables lecteurs et chercheurs, et nous invite à plonger plus profondément dans le mystère humain. L'œuvre de Christie plonge dans la condition humaine, explorant les zones d'agitation et de reconnaissance, qui mènent à un conflit fascinant pour les lecteurs et les érudits. Dans son histoire, nous pouvons encore découvrir des aperçus de ce qui approfondit la pertinence de Christie au fil du temps, des indices de la poursuite féroce de l'intégrité et de la maîtrise des créations.

L'héritage de l'acte de disparition : L'impact sur ses œuvres

La disparition d'Agatha Christie en 1926 ajoute indéniablement un attrait à sa vie personnelle et à ses œuvres.

Sans trace pendant cette disparition, la France la déclare disparue et elle devient une sensation nationale. Agatha Christie a subi des changements sociaux évidents et cachés ; la nature profonde de son travail a évolué avec le style narratif et les éléments thématiques de ses romans. La rupture avec l'opinion publique a modifié l'état de Christie dans le temps, ce qui semble se refléter dans ses écrits, approfondissant ainsi l'expérience.

Les dernières œuvres de Christie témoignent de son intérêt croissant pour la psychologie qui entoure les mystères de la disparition, y compris les motifs qui poussent à commettre de tels actes. Son cas unique a été l'une des nombreuses sources d'inspiration pour de multiples intrigues centrées sur les personnes disparues, les motivations secrètes et les réalités cachées. C'est ainsi que sont nés certains de ses mystères les mieux conçus et les plus profondément psychologiques, qui viennent s'ajouter aux classiques du monde littéraire qui restent populaires.

En outre, le mystère de sa disparition ne s'est pas limité aux frontières de ses œuvres de fiction. Il a atteint la sphère publique, ce qui a contribué à cimenter son identité de femme incroyable enveloppée dans le charme de la mystique. Le mystère de sa disparition et l'œuvre de sa vie ont attiré l'attention du public comme jamais auparavant, renforçant l'intrigue autour de son identité.

En outre, les conséquences de sa disparition ont affecté tout le spectre du roman policier, et sa maîtrise du suspense et de la fausse piste n'a été imitée que dans les œuvres ultérieures d'autres auteurs. Les romans publiés après la disparition de Christie contenaient des intrigues complexes et des rebondissements inattendus ; ils ont créé un précédent qui a défini le cadre de développement des histoires pour les écrivains en herbe.

En résumé, l'héritage d'Agatha Christie et l'énigme de sa vie et de son œuvre, perpétuée par sa disparition, ajoutent une marque indélébile sur le monde littéraire, en particulier dans le domaine du roman policier. Cette marque perdure dans le temps, car nombre de ses lecteurs sont aux prises avec un génie littéraire intemporel, qui fait disparaître les frontières illimitées.

Réflexions : Reconstituer la vérité

En réfléchissant à la mystérieuse disparition d'Agatha Christie, on peut conclure qu'elle a grandement affecté sa vie personnelle et ses œuvres littéraires. La vérité derrière cette disparition n'a toujours pas été élucidée, et s'intéresser davantage à cette question permet de mieux comprendre la nature humaine, ainsi que le processus créatif d'un artiste.

Après son retour spectaculaire, Christie n'a fait aucune déclaration concernant sa disparition, ce qui a donné lieu à d'innombrables théories, y compris l'amnésie et un coup de publicité bien orchestré. Ces affirmations ne font que compliquer davantage son héritage, qui ressemble à celui d'une super-héroïne tout en étant énigmatique, et qui montre les motivations complexes de la vie réelle derrière son art.

Les années de transformation mystérieuse de sa vie ont été une source d'inspiration pendant sa carrière d'auteur, car les crises d'identité potentielles qui accompagnent les secrets et les tromperies florissantes sont la marque de fabrique des contemporains du monde littéraire. Ces bouleversements personnels étaient inévitables et reflètent les thèmes bouleversants des histoires de Christie, tels que la perte, l'illusion et le paradoxe de l'existence.

Les ramifications durables de la mystérieuse disparition d'Agatha démontrent le lien essentiel entre la vie d'un auteur et son œuvre, soulignant une fois de plus le croisement entre la réalité et la fiction. Les événements de la vie, et en l'occurrence les disparitions, créent des intrigues complexes et le développement de personnages uniques dans ses histoires. Le mystère inchangé de sa disparition illustre certainement l'essence de ce phénomène, ainsi que les vérités cachées dans l'esprit d'un écrivain.

En cherchant à découvrir les raisons de sa disparition, nous sommes, d'une manière ou d'une autre, obligés d'explorer le large éventail de raisons qui se cachent derrière l'image et l'œuvre d'un auteur. Chaque récit de la vie d'un auteur tisse des réalités riches et complexes, des vérités enchevêtrées dans l'imaginaire. De cet épisode, les leçons à tirer sont innombrables : la distinction entre réalité et fiction est le plus souvent profondément obscurcie, et les récits des auteurs portent souvent les traces de leurs vies fondamentalement insondables. La disparition de Christie ne se contente pas de dépeindre une lacune dans l'histoire ; elle aborde tout un paradoxe mystérieux, nous invitant à remettre en question la mystique fondamentale des créateurs d'histoires.

10
Un impact durable

L'héritage de la reine du crime

L'héritage durable de Christie

Un document calligraphié sous une serrure littéraire, par exemple, laissé par Christie, a laissé une marque indélébile sur le monde de la littérature, une marque dont l'influence sur le roman policier moderne ne cesse de croître. Son héritage, qui s'étend sur plusieurs générations, aborde les thèmes intemporels de la conscience humaine et de l'art de la tromperie. En nous concentrant sur l'étendue des contributions de Christie, nous pouvons mieux comprendre le changement durable qu'elle a apporté au roman policier moderne. L'évolution qu'elle a initiée brille à travers les œuvres de Christie, captivant encore aujourd'hui les écrivains par les coups de pinceau saisissants de sa marque de fabrique, évoquant magistralement la logique.

Influence sur les auteurs de romans policiers modernes

L'héritage et l'œuvre d'Agatha Christie continuent d'influencer les auteurs de romans policiers modernes par le biais de ses thrillers psychologiques et de ses mystères. Son œuvre a façonné le genre grâce à ses méthodes uniques de narration, de caractérisation et de tissage d'intrigues à multiples facettes. Ils s'efforcent d'accomplir ce qu'elle maîtrisait : l'écriture du suspense, les rebondissements ingénieux et l'art de faire monter la tension.

Nombreux sont ceux qui affirment que Christie a été leur principale source d'inspiration, ce qui témoigne de l'impact de son héritage sur la littérature actuelle. Cet impact est évident puisque Ruth Rendell, P. D. James et Tana French déclarent ouvertement que l'œuvre de Christie a influencé leurs romans policiers. Elles emploient toutes les éléments caractéristiques de Christie, tels que le cerveau derrière le meurtre, des archétypes complexes et l'utilisation non conventionnelle de faux-fuyants et de fausses pistes. Ces techniques, qui consistent à tromper le lecteur ou le spectateur pour détourner l'attention du véritable coupable, sont utilisées par ces auteurs pour faire avancer l'intrigue.

Tout aussi important, la compréhension aiguë de la nature humaine de Christie et le développement habile de divers personnages servent d'exemples aux écrivains qui souhaitent ajouter de la complexité et de la profondeur à leurs œuvres. La contribution de Christie au roman policier reste inégalée en raison des motivations psychologiques et multidimensionnelles de ses personnages et de la complexité émotionnelle de leurs intentions cachées, qui ont changé à jamais la façon de raconter des histoires dans ce genre. Il est devenu habituel d'analyser minutieusement les personnages ainsi que les paradoxes moraux qui tissent le roman policier contemporain.

En outre, l'impact de Christie sur le genre est évident dans l'évolution de la représentation des détectives et des limiers dans les romans policiers modernes. Ses créations inoubliables, comme Hercule Poirot et Miss Marple, ont non seulement étonné les lecteurs, mais aussi inspiré la prose moderne pour créer de grands détectives traditionnels et souvent excentriques. L'héritage de Christie continue d'inspirer la création de nouveaux détectives, intelligemment déroutants et intellectuellement complexes, qui ne ressemblent à aucun autre auparavant.

En résumé, l'impact d'Agatha Christie sur les auteurs de romans policiers contemporains va au-delà de l'imitation, car son héritage vit au cœur même du genre. Christie restera toujours une figure unique grâce à sa narration, ses personnages et ses récits, qui continuent de résonner dans le roman policier moderne jusqu'à aujourd'hui.

Les œuvres de Christie dans les cercles académiques

Les romans d'Agatha Christie ont fait l'objet d'une admiration considérable dans les milieux universitaires, qui la considèrent comme l'une des meilleures et des plus importantes figures littéraires. Les universitaires ont travaillé sur ses livres, ses romans ou toute autre littérature, ainsi que sur ses personnages et ses techniques narratives. De nombreux articles, publications, travaux de recherche et conférences portant sur les romans policiers ont exploré la façon dont Christie tisse des thèmes, des intrigues, des indices et des faux-fuyants complexes. Les lacunes dans la compréhension de l'influence de Christie sur le développement du roman policier en sont un exemple. Le témoignage de ses romans policiers et de ses romans dans des domaines plus larges de la littérature a été étudié de près à travers le prisme de l'héritage et de l'impact de Christie. En outre, l'analyse de ses œuvres illustre les observations pénétrantes qu'elle a faites sur les gens et le comportement humain. Elle examine comment les gens lisent ses œuvres à travers le prisme des cadres psychologiques pour mettre en évidence les motifs et la tromperie humaine, ainsi que les subtilités de la nature humaine dans l'univers de sa littérature. Christie a ouvert la voie aux théories et au discours, dépassant les frontières connues et les archétypes de la structure littéraire, faisant d'elle la pièce maîtresse du dialogue sociopolitique et de l'analyse littéraire critique.

Enfin, ses œuvres ont largement contribué aux études interdisciplinaires en raison de la profondeur et de la diversité des thèmes abordés, qui vont du commentaire social à l'exploration de la moralité et de la justice. Ces thèmes explorent la nature multidimensionnelle de sa narration. L'influence de Christie dans le monde universitaire s'étend bien au-delà des départements de littérature anglaise. Ses œuvres sont enseignées en criminologie, en psychologie, en sociologie et en études culturelles, faisant de ses récits des études de cas christiques sur le comportement humain, les constructions sociales et l'interaction entre la loi et la moralité. L'inclusion des œuvres d'Agatha Christie dans les programmes universitaires reflète la valeur littéraire durable de son travail et souligne que la littérature de Christie est une ressource intellectuelle importante qui provoque des discussions sur de nombreux aspects de l'humanité.

La portée mondiale et l'impact culturel de ses romans

L'impact culturel de Christie délimite la portée de ses œuvres littéraires, qui s'inspirent de la vie d'Agatha Christie. Il n'est pas surprenant que Christie soit surnommée « la reine du crime», car ses mystères complexes aux intrigues tendues et riches en personnages lui ont valu des éloges dans le monde entier. Hercule Poirot et Miss Marple sont deux des détectives emblématiques de Christie qui lui ont valu une immense reconnaissance. Ses œuvres complexes ont été traduites en plusieurs langues, ce qui permet à une pléthore de lecteurs d'y avoir accès. Les romans mettant en scène les personnages emblématiques de Christie marquent son importance dans la littérature, renforcent les échanges culturels et réunissent des lecteurs passionnés d'origines diverses. En tant qu'observatrice perspicace de la nature humaine, on peut dire que Christie avait une compréhension étonnante du contexte socioculturel, ce qui a permis d'approfondir la compréhension et d'accroître l'empathie à l'égard des êtres humains de différentes cultures. Outre la littérature, les œuvres de Christie influencent également d'autres formes de divertissement populaires. De nombreux films, émissions de télévision, pièces de théâtre et, oui, même des jeux vidéo ont fait référence, parodié et réimaginé nombre de ses personnages et intrigues, ce qui ne fait que démontrer l'impact prédominant de son œuvre. Christie a affirmé sa position de reine du crime en faisant de ses œuvres des références durables de la culture.

En outre, les nombreuses apparitions de l'œuvre de Christie dans la culture populaire ont contribué à l'archivage et à la poursuite de ses récits, de sorte que de nouveaux publics interagissent toujours avec ses histoires. Son œuvre est un puissant moyen de communication interculturelle transnationale, promouvant les sentiments entre des personnes qui ne partagent parfois pas le même espace de vie, mais qui apprécient son œuvre. Ses romans ont inspiré de nombreuses attractions et manifestations touristiques, marquant son héritage littéraire et attirant des admirateurs de différents pays, ce qui, dans une certaine mesure, indique l'importance culturelle de ses œuvres. L'enthousiasme avec lequel elles sont réalisées confirme la profondeur du fait que ses histoires sont appréciées et valorisées dans le monde entier.

Les adaptations et leur rôle dans le regain d'intérêt

Les œuvres d'Agatha Christie ont connu une popularité grandissante grâce aux nombreuses adaptations réalisées sous différentes formes d'art, telles que les séries télévisées, les pièces de théâtre et les films à grand succès. Certains de ses récits captivants ont également été transformés avec succès, ce qui a permis de les faire connaître à des personnes qui n'en avaient jamais entendu parler auparavant. Ces adaptations ont permis de moderniser les œuvres classiques, en veillant toutefois à ce que l'héritage de Christie continue de s'épanouir dans la culture populaire.

Les adaptations peuvent changer la perspective de l'histoire et permettre au public d'explorer différents thèmes et idées. Les gens sont désormais en mesure de voir les histoires les plus chères à son cœur sous un angle différent, ce qui finit par susciter de nouvelles conversations et de nouvelles critiques. Les efforts d'adaptation peuvent permettre à un public plus jeune de s'approprier les récits solides de Christie, garantissant ainsi que son héritage perdurera pendant de nombreuses années. L'utilisation de visuels attrayants et de sons créatifs permet de captiver un public plus large et de prouver que les œuvres de Christie sont intemporelles, ce qui explique son statut de légende littéraire.

En outre, les adaptations prouvent que les récits de Christie sont intemporels et universels, ce qui garantit leur pertinence dans les courants culturels changeants.

Ces adaptations concernent un large éventail de publics car elles allient des aspects contemporains à des caractéristiques classiques. En retour, elles ont reçu un accueil écrasant et ont contribué à perpétuer la renommée littéraire de Christie. Ainsi, ces adaptations jouent un rôle crucial dans la préservation et la diffusion de l'héritage incomparable de Christie, en racontant des histoires de manière à ce que son impact éternel sur le paysage littéraire mondial soit maintenu pour l'avenir. Les œuvres adaptées sont peut-être celles qui ont les effets les plus profonds, car elles ne cessent de renforcer la fascination durable pour les intrigues et les personnages énigmatiques de Christie, captivant le public à chaque version et suscitant un regain d'intérêt pour le savoir-faire exceptionnel de la Reine du crime.

Prix littéraires et récompenses posthumes

Les nombreux prix et reconnaissances qu'Agatha Christie

a obtenus de son vivant, et ceux qu'elle a reçus après sa mort pour ses œuvres littéraires, confortent sa position de « Reine du crime ». L'influence considérable qu'elle a exercée sur le roman policier a été et est toujours acclamée dans le monde entier, et a même été récompensée à de multiples reprises. Elle a reçu des prix tels que le prix Edgar, qui est considéré comme la marque d'une grande réussite dans ce domaine et qui porte le nom d'une figure bien connue du monde des mystères et des thrillers, Edgar Allan Poe. En outre, ses récits captivants et ses techniques de narration ingénieuses ont été considérés comme une raison suffisante pour qu'elle reçoive le Grand Master Award décerné par les Mystery Writers of America (les écrivains de mystères d'Amérique). Elle a été la première à recevoir ce prix, ce qui le rend encore plus spécial. Ce prix est plus ou moins un indicateur de l'importance de l'œuvre de Christie pour le monde littéraire. En outre, l'impact des œuvres de Christie n'est pas limité à un seul endroit, ce qui explique pourquoi elle a pu rejoindre le Detection Club, une société privée composée d'auteurs de romans policiers de renom, qui n'est accessible qu'à quelques privilégiés et qui lui a conféré une reconnaissance dans l'industrie de la fiction policière.

Le talent de Christie pour construire des intrigues et des personnages détaillés lui a permis de produire des œuvres littéraires avec une telle rapidité que cela lui a valu d'être nommée Dame Commandeur de l'Ordre de l'Empire britannique. Même après sa mort, on se souvient encore de sa contribution à la littérature, comme en témoignent les prix qui portent son nom. Il s'agit notamment des prix Agatha, qui récompensent les réussites dans le domaine des romans policiers traditionnels et qui sont décernés chaque année par Malice Domestic, commémorant ainsi l'impact de Christie sur la littérature. Le festival Agatha Christie a d'ailleurs été créé pour célébrer sa contribution à la littérature et au genre du roman policier en particulier. Année après année, les prix littéraires décernés en son nom immortalisent l'importance de Christie dans la littérature, prouvant que son impact dépasse les époques et les âges. Les innombrables adaptations et ventes de ses œuvres remarquables témoignent de son influence durable dans le monde du roman policier, tout comme les nombreux prix et distinctions décernés en son honneur.

La contribution de Christie aux techniques littéraires

On dit que le crime ne paie pas, mais Agatha Christie prouve le contraire. De ses rebondissements innovants à ses énigmes complexes, Christie a changé à jamais le paysage du roman policier et de toutes les formes de littérature. Chaque auteur puise son inspiration quelque part, mais la littérature de Christie est le point de départ de nombreux auteurs de romans policiers. Sa capacité étonnante à tisser les détails nuancés de la vie dans des intrigues pleines de rebondissements montre l'attention que Christie porte aux détails dans son œuvre. Les lecteurs peuvent s'immerger dans des univers riches en profondeur grâce aux personnages complexes que Christie met en scène. Chaque personnage cache quelque chose de profondément ancré en lui, ce qui permet à Christie de créer des intrigues et des énigmes aux multiples facettes. Mais sa maîtrise ne s'arrête pas là. Grâce à sa profonde compréhension de la psychologie humaine, elle n'est plus une simple auteure de romans policiers ; Christie devient un génie qui insuffle des idées complexes sur la vie, résumées dans un seul et unique roman policier. En analysant la psyché de ses personnages, elle transforme les romans policiers traditionnels en récits captivants. La façon dont elle met en lumière les problèmes sociaux et les intègre à ses histoires souligne le génie de l'écrivaine et sa compréhension de la dynamique sociétale. L'œuvre de Christie confère à la littérature une pertinence intemporelle qui n'a pas encore été pleinement appréciée.

Sa compréhension aiguë de la nature humaine et son habileté à intégrer ces attributs dans des histoires fascinantes ont donné naissance à des mystères envoûtants qui continuent de fasciner les lecteurs de tous âges. L'œuvre de sa vie, qui a permis d'affiner les outils et les techniques du roman policier, reste sans aucun doute inégalée et constitue une source d'inspiration durable pour les auteurs émergents. Elle a également influencé la culture de l'écriture pendant de nombreuses années.

Perception du public et analyse critique au fil du temps

Le public et les critiques ont exprimé leurs opinions sur les œuvres prolifiques d'Agatha Christie, en commençant par le premier roman publié par Christie. Au début, la réputation de Christie était celle d'une conteuse hors pair, et elle était considérée comme l'autrice d'un nombre inégalé de romans à suspense. Plusieurs critiques ont cependant fait remarquer que sa narration et ses personnages étaient incroyablement linéaires et ternes, et manquaient de créativité. C'était le cas jusqu'à ce que, avec le temps, de nouveaux points de vue s'ouvrent, notamment la compréhension de la relation entre les femmes et la classe ouvrière ainsi que le contexte plus nuancé et plus profond de ses meurtres mystérieux, qui, tout en étant simples, avaient des significations sociétales plus complexes.

Le travail de Christie en tant qu'auteur a toujours été marqué par l'évolution de l'opinion publique et de l'acceptation sociétale. Repenser l'ethnographie et la représentation des races dans l'œuvre de Christie revient à amplifier le colonialisme. Des études plus approfondies et la représentation des femmes dans son œuvre, ainsi que son rôle dans le mouvement féministe, ont suscité un vif intérêt. Pendant ce temps, le nombre de lecteurs intéressés par ses œuvres était inégalé, ce qui a attiré l'attention des historiens de la littérature.

La perception publique de l'œuvre de Christie a, comme tout le reste, changé au fil des ans. De l'étiquette d'auteur de « simple » fiction populaire à celle de figure éminente du genre policier, l'œuvre de Christie a toujours eu une perspective évolutive. L'adaptation de ses œuvres en séries télévisées et en films a certainement changé la façon dont les différentes générations perçoivent ses écrits. À chaque nouvelle adaptation ou reprise, le public semble toujours revoir et repenser sa relation avec ses histoires captivantes, ce qui témoigne de la nature dynamique de son héritage.

Il ne fait aucun doute que la critique et la perception publique de l'œuvre d'Agatha Christie évolueront en fonction des modes littéraires et des valeurs sociales. Étant donné que ses livres sont toujours en circulation et que ses œuvres influencent fortement le roman policier contemporain, les discussions autour de son œuvre seront toujours très controversées.

Préservation des œuvres originales de Christie

Les œuvres d'Agatha Christie restent précieuses pour leurs intrigues complexes, leurs personnages captivants et leur maîtrise inégalée de la narration. En outre, ses romans ont considérablement façonné le paysage du roman policier et de la littérature classique. Cet impact doit être rappelé lors des discussions sur la préservation de ses œuvres originales. Les lettres, les manuscrits et les souvenirs personnels de Christie témoignent de son héritage ; contrairement à d'autres figures littéraires, ses œuvres occupent une double position : elles sont chéries en tant que récits hallucinants et en tant qu'artefacts culturels et historiques. Il est donc urgent de préserver ses œuvres. Des collectionneurs privés et des institutions académiques se sont réunis pour former les Archives Agatha Christie, qui contribuent à la préservation et à la célébration des chefs-d'œuvre grâce à des efforts de conservation. Il est urgent de numériser son corpus afin que les générations futures puissent avoir accès à son art littéraire. En outre, il est essentiel d'exercer une surveillance active contre les reproductions non autorisées qui compromettent l'intégrité des œuvres de Christie's. Cela comprend la sauvegarde des droits de propriété intellectuelle et des droits d'auteur. Cela consiste notamment à protéger les droits de propriété intellectuelle et à adhérer aux normes éthiques concernant les publications et les adaptations de ses œuvres.

La préservation des œuvres originales de Christie consiste également à encourager la recherche, l'érudition et les initiatives d'appréciation concernant l'approche de ses œuvres. Le dévouement de Christie a été démontré par des universités, des bibliothèques et des sociétés littéraires qui organisent des expositions ou des symposiums et accordent des bourses de recherche. Ces activités intellectuelles élargissent le champ de compréhension des stratégies de narration, des thèmes de Christie et de ses commentaires et critiques socioculturels. La collaboration avec des spécialistes de la conservation et de l'archivage garantit la durabilité des manuscrits originaux, et les œuvres de Christie sont à l'abri des attaques du temps. Outre la préservation physique, des mesures actives sont prises pour informer et intéresser les citoyens à propos de l'importance de ses œuvres. Ces initiatives comprennent notamment des programmes de sensibilisation, des ateliers et des ressources en ligne sur la genèse et la croissance de ses chefs-d'œuvre littéraires. En encourageant l'appréciation de l'œuvre de Christie, les individus et les institutions soutiennent son héritage littéraire pour l'avenir. Nous assumons une responsabilité partagée pour garantir que ses réalisations littéraires incontestées continueront d'être lues pendant des siècles.

En préservant ses œuvres originales, nous rendons hommage au génie remarquable d'Agatha Christie, nous marquent sa place dans l'édifice littéraire et nous honorons son impact éternel sur le monde du mystère et du frisson.

Dernières réflexions sur un héritage durable

Alors que nous finalisons notre discussion sur l'héritage en constante évolution d'Agatha Christie, une observation s'impose : elle est peut-être l'unique auteur à traverser les siècles et les frontières géographiques, marquant différentes cultures. La cohérence globale de son art est telle que chaque décennie peut y trouver quelque chose de nouveau dans ses récits magnifiquement tissés et dans les personnages captivants qu'ils renferment.

Son impact ne se limite pas au roman policier traditionnel, il touche des lecteurs de différentes régions et cultures. La réputation inébranlable de Christie découle de sa capacité à tisser des mystères merveilleux et des aperçus de la psyché humaine. Ses histoires sont intemporelles, ce qui est renforcé par son statut d'icône littéraire.

Enfin, qui peut ignorer l'impact de Christie sur le développement du genre ? L'innovation qu'elle a apportée à sa structure narrative, ses intrigues à multiples facettes et ses personnages inoubliables comme Poirot et Marple font d'elle une précurseure des auteurs de romans policiers modernes. De nombreux auteurs contemporains la considèrent comme une figure clé dans le développement de leur littérature ; l'impact de Christie a été profond et d'une grande portée.

Son héritage se retrouve dans le monde universitaire, où les chercheurs analysent ses œuvres sous différents angles : sociologique, psychologique ou littéraire. Ses romans et ses nouvelles regorgent de sujets d'étude pour les chercheurs, enrichissant ainsi le discours intellectuel et garantissant la pérennité de son héritage dans ces lieux sacrés.

Au fil des ans, les créations de Christie ont eu un impact considérable dans le monde entier. Ses livres sont des best-sellers qui attendent d'être traduits dans une myriade de langues, permettant à des publics de différentes régions de s'immerger dans l'éclat de ses récits. La traduction de ses œuvres dans différentes cultures souligne son attrait universel et consolide son statut de figure littéraire qui a marqué le monde de manière indélébile.

En outre, ses œuvres ont été adaptées en mystères de Christie et portées à la connaissance du public contemporain par le biais de longs métrages et de séries télévisées. Ces adaptations jouent un rôle essentiel dans la transmission de ses histoires aux jeunes générations, garantissant ainsi que son héritage reste dynamique et vivant à l'heure actuelle.

L'influence durable des œuvres de Christie a mis en évidence la reconnaissance et les honneurs qui lui ont été accordés après sa mort. Ses contributions ont été respectées sous la forme de prix pour le roman policier après sa mort, renforçant ainsi l'héritage qu'elle a laissé ; cela a conduit à l'attribution du prix Christine en 2011, qui souligne l'impact du prix reçu par ses auteurs les plus célèbres dans une prison plafonnée.

En conclusion, l'héritage d'Agatha Christie englobe non seulement ses œuvres littéraires, mais aussi la littérature, la culture pop et les sphères académiques couvertes par ses livres. La capacité d'Agatha Christie à capter l'attention des lecteurs de toutes les tranches d'âge, ainsi que le plaisir non filtré qu'ils retirent de la lecture, marquent la dignité de la littérature de Christie et renforcent sa contribution à l'histoire de la littérature pour les siècles à venir.

Sélection bibliographique

La liste de lecture Agatha Christie (oeuvre originale)

https://agathachristie.imgix.net/image-store/christie-reading-list.pdf

https://www.agathachristie.com/en

80 livres en français sur le site de lecteurs Babelio: https://www.babelio.com/liste/9562/LIVRES-DE-AGATHA-CHRISTIE

Sources et références diverses

1. Biography of the Last Puffed Female Mystery Writer: Agatha Christie. (2023). *Pennsylvania Literary Journal, 15*(1), 49-52.

2. *Dining Room Detectives: Analysing Food in the Novels of Agatha Christie* (2015). . Cambridge Scholars Publisher Cambridge Scholars Publishing, Cambridge Scholars Publishing.

3. Murdering Memory and Sense. (2024). *Pennsylvania Literary Journal, 16*(3), 18-21,371.

4. The Life and Crimes of Agatha Christie: A Biographical Companion to the Works of Agatha Christie. (2000, 05). *Contemporary Review, 276*, 278.

5. Aldridge, M. (2016). *Agatha Christie on Screen*. Palgrave Macmillan Limited, Palgrave Macmillan Limited.

6. Ananya, D. G. (2023). Book Review of Kunal Basu's Filmi Stories: The Return of the Storyteller. *Contemporary Literary Review India, 10*(3), 197-207.

7. Atkins, I. K. (1975). Agatha Christie and the Detective Film: A Timetable for Success. *Literature/Film Quarterly, 3*(3), 205-214.

8. Bernthal, J. C. (2016). *Queering Agatha Christie: Revisiting the Golden Age of Detective Fiction*. Springer International Publishing AG, Springer International Publishing AG.

9. Beyer, C. (2023). "No Picturesque Village Is Safe": Agatha Christie's Cornish Crime Scenes in "The Blood-Stained Pavement" and "Ingots of Gold". *Clues, 41*(1), 95-105.

10. Block, E. (2024). 'A LESS THAN PERFECT INSTRUMENT': BARBARA EHRENREICH'S STRUGGLE WITH THE INEFFABLE. *Renascence, 76*(2), 73-91,157.

11. Bloomfield, J. (2020). Mid-Century Jacobeans: Agatha Christie, Ngaio Marsh, P. D. James, and The Duchess of Malfi. *ELH, 87*(4), 1079-1104.

12. Botana, F. (2022). Tammaro De Marinis, Vittorio Forti, and the Acquisition of Islamic Manuscripts for J. P. Morgan in Constantinople in 1913. *Manuscript Studies, 7*(2), 237-269.

13. Brown, S. (2020). "Scoring Off a Foreigner?" Xenophobia, Antisemitism, and Racism in the

Works of Agatha Christie. *Clues, 38*(1), 70-80.

14. Bubíková, Š., & Roebuck, O. (2024). Islands of Crime: The Island as a Setting in Crime Fiction. *Clues, 42*(1), 88-97.

15. Calhoun- French, D.,M. (2016). Agatha Christie's Secret Notebooks: Fifty Years of Mysteries in the Making/Agatha Christie: Murder in the Making-More Stories and Secrets from Her Notebooks. *Clues, 34*(1), 152-154.

16. Corral, W. H. (2006). Doctor Pasavento. *World Literature Today, 80*(3), 71-72.

17. Cox, D. R. (2020). Charles Dickens's Last Case: Edwin Drood and the Curious Incident of the Unasked Question. *The Dickensian, 116*(511), 188.

18. Daniels, A. (2018). How Not To Be a Doctor and Other Essays. *The New Criterion, 37*(1), 65-67.

19. Daniels, A. (2020). Killing time with Agatha Christie. *The New Criterion, 39*(3), 34-37.

20. Davis, A. (2024). "A Modernist Lampstand": Noir and the Avant- garde in William Faulkner's Sanctuary. *Clues, 42*(1), 25-35.

21. Davis, J. M. (2014). Another Grand Master for

Oklahoma. *World Literature Today, 88*(3), 9-11.

22. Davis, J. M. (2009). IF IT'S TUESDAY, THERE MUST BE A MURDER IN BELGIUM. *World Literature Today, 83*(4), 9-11.

23. Davis, J. M. (2016). Kiwi Crime Writing: A Rich Tradition from a Distant Sea. *World Literature Today, 90*(1), 16-18.

24. Davis, J. M. (2015). Playing by the Rules. *World Literature Today, 89*(3), 28-30.

25. Davis, J. M. (2023). The Enigma of Room 622. *World Literature Today, 97*(2), 80-81.

26. Davis, J. M. (2014). What She Laughingly Calls Her Career. *World Literature Today, 88*(1), 9-11.

27. Deutsch, A. R. P. (2024). Agatha Christie and the Guilty Pleasure of Poison. *Clues, 42*(1), 115-117.

28. DiGianvittorio, L., & Saunders, J. P. (2005). Janey Archer's Myopia and The Age of Innocence: [1]. *Edith Wharton Review, 21*(1), 15-18.

29. Eckert, K. (2021). Hercule Poirot and the Tricky Performers of Stereotypes in Agatha Christie's Murder on the Orient Express. *Text Matters,* (11), 186-203. https://doi.org/10.187 78/2083-2931.11.13

30. Evans, M. A. (2023). Reading Crime Fiction, Writing Crime Fiction, and Overcoming the Tyranny of the Calendar. *Clues, 41*(2), 101-103.

31. Ewers, C. (2016). Genre in Transit: Agatha Christie, Trains, and the Whodunit. *Journal of Narrative Theory : JNT, 46*(1), 97-120,149.

32. Franks, R. (2016). Agatha Christie at Home. *Clues, 34*(1), 154-155.

33. Gillis, S. (2016). British Writers and the Approach of World War II. *Modernism/Modernity, 23*(2), 482-484.

34. Gillis, S. (2007). Detective Fiction. *Victorian Studies, 49*(2), 382-384.

35. Gretchko, J. M. J. (2024). Twenty-three Melville Letters That Have Appeared Since 1993: An Addendum to the Correspondence Volume. *Leviathan, 26*(1), 66-82. https://doi.org/10.1353/lvn.2024.a925511

36. Harmon, L. (2021). Agatha Christie's Poirot novels as fairy tales: Two case studies. *Literator, 42*(1)https://doi.org/10.4102/lit.v42i1.1756

37. Harrison, R. L. (2023). Eudora Welty and Mystery: Hidden in Plain Sight. *Legacy, 40*(1),

289-292.

38. Hassler, D. M. (2013). Generation and Energy. *Extrapolation., 54*(1), 112-114.

39. Henderson, H. (2024). Gender Roles and Political Contexts in Cold War Spy Fiction. *Clues, 42*(1), 112-114.

40. İlmek, S. T. (2020). Readers' voices for "complete retranslations": A case study of Agatha Christie's murder mysteries in Turkish. *Agathos, 11*(2), 161-175.

41. J, M. D. (2007). PORTRAIT OF AN ARTIST IN A "SMALL" LANGUAGE. *World Literature Today, 81*(5), 6-7,5.

42. Jones, M. (2023). Introduction: Detective Fiction and Borders. *Clues, 41*(1), 5-12.

43. Karhulahti, V. (2015). An Ontological Theory of Narrative Works: Storygame as Postclassical Literature. *Storyworlds, 7*(1), 39-73,130.

44. Kaul, C. (2014). Book Review: India in Britain: South Asian Networks and Connections, 1858-1950. Susheila Nasta (ed.). Palgrave, 2013. *Literature & History, 23*(2), 98-100.

45. Kean, M. H. (2024). Beyond "Whodunnit". *The*

Baker Street Journal, Suppl.2024 Christmas Annual, , 53-56.

46. Khalid, F. (2020). Good, Brave Causes: British Fiction of the 1950s. *Journal of Modern Literature, 44*(1), 191-196. https://doi.org/10.2979/jmodelite.44.1.13

47. King, S. (2018). E Pluribus Unum: A Transnational Reading of Agatha Christie's Murder on the Orient Express. *Clues, 36*(1), 9-19.

48. Kipen, D. (2013). Tinker Tailor Soldier Schreiber. *The Virginia Quarterly Review, 89*(1), 224-231,9.

49. Knepper, M. S. (2022). Agatha Christie and Hercule Poirot: The Greatest Mystery Writer and the Greatest Fictional Detective of All Time? *Clues, 40*(2), 127-130.

50. Knepper, M. S. (2008). Agatha Christie: Investigating Femininity. *Clues, 26*(3), 86-87.

51. Knepper, M. S. (2005). The Curtain Falls: Agatha Christie's Last Novels. *Clues, 23*(4), 69-84.

52. Köseoğlu, B. (2015). Gender and Detective Literature: The Role of Miss Marple in Agatha Christie's The Body in the Library. *International*

Journal of Applied Linguistics & English Literature, 4(3), 132-137. https://doi.org/10.7575/aiac.ijalel.v.4n.3p.132

53. Krishnan, L. (2023, Spring). Brain or Appendix: Doctors, Detectives, and Diagnosis. *The Baker Street Journal, 73*, 7-17,76.

54. Laurence, J. (2016). Look to the Ladies. *World Literature Today, 90*(6), 22-24.

55. Majmudar, A. (2025). Scratched pads. *The New Criterion, 43*(6), 75-77.

56. Martin, S. (2018). Psychogeography and the Detective: Re- evaluating the Significance of Space in Agatha Christie's A Murder Is Announced. *Clues, 36*(1), 20-29.

57. Mezei, K. (2007). Spinsters, Surveillance, and Speech: The Case of Miss Marple, Miss Mole, and Miss Jekyll. *Journal of Modern Literature, 30*(2), 103-120.

58. Mills, R. (2019). "I Always Did Hate Watering- Places": Tourism and Carnival in Agatha Christie's and Dorothy L. Sayers's Seaside Novels. *Clues, 37*(2), 83-93.

59. Mirabile, M. (2010). British Literature of the

Blitz: Fighting the People's War. *Modern Fiction Studies, 56*(3), 645-647.

60. Morris, M. A. (2010). "Canst thou draw out Leviathan with a hook?": Akunin Colludes and Collides with Collins and Christie. *Clues, 28*(1), 69-78.

61. Naidu, S. (2024). Interview with Kwei Quartey. *Clues, 42*(2), 138-143.

62. Naón, L. G. (2024, Mar). Recent Winners. *Poets & Writers, 52*, 89-97.

63. Northrup, T. (2015). Immoderate Families. *Canadian Literature*, (226), 156-157,170.

64. Oh, J. (2024). Grandma Detectives in Korea: Older Women Against the Crime of the "Silver Market". *Clues, 42*(2), 70-84.

65. Pamboukian, S. A. (2024). Witches and Pharmacists in Agatha Christie's The Pale Horse. *Clues, 42*(1), 75-87.

66. Panero, J. (2024). Brown in town. *The New Criterion, 42*(7), 52-55.

67. Percec, D., & Pungă, L. (2019). THEY DO IT WITH NURSERY RHYMES. THE MYSTERY OF INTERTEXTUALITY IN AGATHA

CHRISTIE'S DETECTIVE FICTION FROM A LITERARY CRITIC'S AND A TRANSLATOR'S PERSPECTIVE. *British and American Studies, 25*, 247-256,282.

68. Perry, C. (2006). Book Review: Womens' Writing, 1945-1960: After the Deluge. Edited by Jane Dowson. Palgrave, 2003. *Literature & History, 15*(1), 89-91.

69. Query, P. (2008). Having Read Widely and Uncommonly Well. *Evelyn Waugh Newsletter and Studies, 38*(3), 1.

70. Reitz, C. (2024). Introduction: A Kaleidoscope of Cultures and Works. *Clues, 42*(1), 5-8.

71. Reitz, C. (2021). Introduction: So Many Books, So Little Time. *Clues, 39*(2), 5-7.

72. Riley, B. (2024). Under the Tuscan spell. *The New Criterion, 42*(8), 1-6.

73. Roger, P. (2013). Five French Critics. *New Literary History, 44*(2), 205-211,319.

74. Rolens, C. (2024). Latin American Detectives Against Power: Individualism, the State, and Failure in Crime Fiction. *Clues, 42*(1), 114-115.

75. Rowland, S. (2009). The Adventures of Margery

Allingham. *Clues, 27*(2), 111-113.

76. Sandberg, E. (2019). "The Body in the Bath": Dorothy L. Sayers's Whose Body? and Embodied Detective Fiction. *Journal of Modern Literature, Suppl.Special Issue: Varieties of Embodiment: Whose Body?, 42*(2), 1-20. https://doi.org/10.29 79/jmodelite.42.2.01

77. Schaffer, R. (2024). Animals in Detective Fiction. *Clues, 42*(2), 154-156.

78. Schaffer, R. (2023). Sleuthing Miss Marple: Gender, Genre, and Agency in Agatha Christie's Crime Fiction. *Clues, 41*(1), 140-142.

79. Simmons, L. K. (2015). The Artist and the Trinity: Dorothy L. Sayers' Theology of Work by Christine M. Fletcher (review). *Christianity & Literature, 64*(3), 334-337.

80. Sirvent, M. (1997). READER-INVESTIGATORS IN THE POST-NOUVEAU ROMAN: LAHOUGUE, PEETERS, AND PEREC. *Romanic Review, 88*(2), 315-335.

81. Smith, K. (2024). Rookies of the year. *The New Criterion, 43*(2), 1-8.

82. Sobanet, A. (2016). Mirror Gazing. *French Fo-*

rum, 41(3), 308-311.

83. Stewart, V. (2009). Spiritualism, Detective Fiction, and the Aftermath of War. *Clues, 27*(2), 75-84.

84. Strout, C. (2009). THE CASE OF THE MISSING NOVELIST: AMNESIA OR CONSPIRACY? *Sewanee Review, 117*(1), R15-R18.

85. Strout, C. (2007). THROUGH THE LOOKING GLASS AND BACK WITH AGATHA CHRISTIE. *Sewanee Review, 115*(1), 141-145,R24.

86. Teel, J. (2016). The Grand Tour: Around the World with the Queen of Mystery. *Clues, 34*(1), 157-158.

87. Valerie, W. W. (2023). Edgar and Me. *Poe Studies, 56*, 19-23.

88. Vanwesenbeeck, I. (2024). Icelandic Stories: A Conversation with Katrín Jakobsdóttir & Ragnar Jónasson. *World Literature Today, 98*(1), 19-23.

89. Vervel, M. (2022). "Mystery" Beyond Reason: Mr. Quin, A Revealer of the Powers of Fiction According to Agatha Christie? *Clues, 40*(2), 39-48.

90. Vujin, B., & Veselinovié, S. (2024). Sleuthing from the Margins: Agatha Christie's Marple and Poirot as the Detecting Other. [Zasledovanje 7 obrobja: Marple in Poirot Agathe Christie kot zasledujoci Drugi] *Primerjalna Knjizevnost, 47*(3), 101-119.

91. Whitney, S. E. (2011). A Hidden Body in the Library: Mary Westmacott, Agatha Christie, and Emotional Violence. *Clues, 29*(1), 37-50.

92. Williams, R. (2011). Liminality in Fantastic Fiction: A Poststructuralist Approach. *Foundation, 40*(113), 84-89.

93. Yiannitsaros, C. (2017). "Tea and scandal at four-thirty": Fantasies of Englishness and Agatha Christie's Fiction of the 1930s and 1940s. *Clues, 35*(2), 78-88. Yiannitsaros, C. (2021). Delicious Death: Criminal Cake in and Beyond Agatha Christie's A Murder Is Announced. *Clues, 39*(2), 107-117.

94. Zsámba, R. (2017). Crime Fiction Reloaded. *HJEAS : Hungarian Journal of English and American Studies, 23*(1), 2254. Literature. (2021). *Old English Newsletter, 47*(1), 50-79.

95. *A Darker Shade of Sweden: Original Stories by Sweden's Greatest Crime Writers* (2014). .

Grove/Atlantic, Incorporated, Grove/Atlantic, Incorporated.

96. *A Guide to Twentieth Century Literature in English* (2023). In Blamires H. (Ed.), . Taylor & Francis Group, Taylor & Francis Group.

97. *Andererseits - Yearbook of Transatlantic German Studies: Vol. 11/12, 2022/23* (2024). In Donahue W. C., Mein G. and Parr R.(Eds.), . transcript Verlag.

98. Aspects of Eve. (1975). *Aspects Of Eve, New York* ()

99. *Beyond Borders – Translations Moving Languages, Literatures and Cultures: Translations Moving Languages, Literatures and Cultures* (2011). In Kujamäki P., Kolehmainen L., Penttilä E. and Kemppanen H.(Eds.), . Frank & Timme, Frank & Timme.

100. Biographical Corner: Interview with Michael Bakewell by James Knowlson. (2023). *The Beckett Circle*, , 1-14.

101. Biography of the Last Puffed Female Mystery Writer: Agatha Christie. (2023). *Pennsylvania Literary Journal, 15*(1), 49-52.

102. *Comedy: American Style: Jessie Redmon Fauset* (2009). In Sherrard-Johnson C., Fauset J .(Eds.), . Rutgers University Press, Rutgers University Press.

103. *Crime Uncovered: Detective* (2015). In Forshaw B. (Ed.), . Intellect, Limited, Intellect, Limited.

104. *Dining Room Detectives: Analysing Food in the Novels of Agatha Christie* (2015). . Cambridge Scholars Publisher Cambridge Scholars Publishing, Cambridge Scholars Publishing.

105. *Fantastic Worlds: Myths, Tales, and Stories* (1996). In Rabkin E. S. (Ed.), . Oxford University Press, Incorporated, Oxford University Press, Incorporated.

106. Murdering Memory and Sense. (2024). *Pennsylvania Literary Journal, 16*(3), 18-21,371.

107. *Prison Writing: A Collection of Fact, Fiction and Verse* (2002). In Broadhead J., Kerr L.(Eds.), . Waterside Press, Waterside Press.

108. *Selected Letters of Katherine Anne Porter: Chronicles of a Modern Woman* (2012). In Unrue D. H. (Ed.), . University Press of Mississippi, University Press of Mississippi.

109. *Selected Letters of William Empson* (2006). In Haffenden J. (Ed.), . Oxford University Press, Incorporated, Oxford University Press, Incorporated.

110. *The Best American Essays 2017* (2017). In Jamison L. (Ed.), . Houghton Mifflin Harcourt Publishing Company, Houghton Mifflin Harcourt Publishing Company.

111. *The Best American Mystery Stories 2016* (2016). In George E. (Ed.), . Houghton Mifflin Harcourt Publishing Company, Houghton Mifflin Harcourt Publishing Company.

112. *The Letters of A. E. Housman: Two-Volume Set* (2007). In Burnett A. (Ed.), . Oxford University Press, Incorporated, Oxford University Press, Incorporated.

113. The Life and Crimes of Agatha Christie: A Biographical Companion to the Works of Agatha Christie. (2000, 05). *Contemporary Review, 276*, 278.

114. *The Shell Game: Writers Play with Borrowed Forms* (2018). In Adrian K. (Ed.), . University of Nebraska Press, University of Nebraska Press.

115. *Views from the Loft: A Portable Writer's Work-*

shop (2010). In Slager D. (Ed.), . Milkweed Editions, Milkweed Editions.

116. *Words We Call Home: Celebrating Creative Writing at UBC* (1990). In Svendsen L. (Ed.), . University of British Columbia Press, University of British Columbia Press.

117. Aldridge, M. (2016). *Agatha Christie on Screen*. Palgrave Macmillan Limited, Palgrave Macmillan Limited.

118. Allen, B. (2013). Better than Brangelina. *The New Criterion, 31*(6), 1-4.

119. Ananya, D. G. (2023). Book Review of Kunal Basu's Filmi Stories: The Return of the Storyteller. *Contemporary Literary Review India, 10*(3), 197-207.

120. Andriacco, D. (2021, Autumn). Sherlock Holmes and the Development of the Detective Hero. *The Baker Street Journal, 71*, 22-28,68.

121. Anselmi, M. B. (2013). You Wouldn't Expect. *Obsidian., 14*(2), 37-64,95.

122. Arnautou, C. (2019). The Metaphysical Detective Fiction of G.K. Chesterton: "This is not a story of crime". *Études Anglaises, 72*(3),

291-308,378. Ashbery, J. (1995, 07). A poem of unrest / Tower of darkness / Theme / Sleepers Awake. *Poetry, 166*, 18

123. Ashbery, J. (1997). Sleepers Awake. *Can You Hear, Bird: Poems, New York* (pp. 99-100)

124. Atkins, I. K. (1975). Agatha Christie and the Detective Film: A Timetable for Success. *Literature/Film Quarterly, 3*(3), 205-214.

125. Bailey, J. T., & Strange, D. (2021). Notes. *The Thomas Wolfe Review, 44/45*(1), 182-240.

126. Banash, D. (2013). CRITIQUE: COLLAGE AND THE POLITICS OF THE CUT. *Postmodern Studies,* (49), 121-171,276-282.

127. Basu, R. (2005). *A Siren*

128. Bayer, D. (2021). *Tragödie des Rechts*. Duncker & Humblot.

129. Beeharry, D. C. (1979). *Three Women and a President.*

130. Bell, I. A., & Daldry, G. (1990). *Watching the detectives: essays on crime fiction*

131. Berensmeyer, I. (2016). "The musique concrète of civilization": Responding to Technological

and Cultural Change in Postwar British Literature. *REAL, 32*(1), 169-186.

132. Berglund, L. (2012). "I AM LOST WITHOUT MY BOSWELL": SAMUEL JOHNSON AND SHERLOCK HOLMES. *The Age of Johnson, 22*, 131-XI.

133. Bernthal, J. C. (2016). *Queering Agatha Christie: Revisiting the Golden Age of Detective Fiction*. Springer International Publishing AG, Springer International Publishing AG.

134. Betz, P. M. (2018). Gender and Representation in British "Golden Age" Crime Fiction: Women Writing Women. *Clues, 36*(2), 120-122.

135. Beyer, C. (2023). "No Picturesque Village Is Safe": Agatha Christie's Cornish Crime Scenes in "The Blood-Stained Pavement" and "Ingots of Gold". *Clues, 41*(1), 95-105.

136. Birmelin, B. T. (2002). In her time. *Southwest Review, 87*(4), 511-527.

137. Bischoping, K., & Olstead, R. (2013). A "Beastly, Blood-Sucking Woman": Invocations of a Gothic Monster in Dorothy L. Sayers' Unnatural Death (1927). *The Irish Journal of Gothic and Horror Studies,* (12), 4-19,178.

138. Blasi, D. D. (2000). Czechoslovakian Rhapsody Sung to the Accompaniment of Piano. *Iowa Review, 30*(3), 29–45.

139. Block, E. (2024). 'A LESS THAN PERFECT INSTRUMENT': BARBARA EHRENREICH'S STRUGGLE WITH THE INEFFABLE. *Renascence, 76*(2), 73-91,157.

140. Bloomfield, J. (2020). Mid-Century Jacobeans: Agatha Christie, Ngaio Marsh, P. D. James, and The Duchess of Malfi. *ELH, 87*(4), 1079-1104. Blotner, J. (2005). *Faulkner: A Biography.* University Press of Mississippi, University Press of Mississippi.

141. Bond, R. (1993). *Once Upon a Mountain Time.* Penguin Books Ltd.

142. Bostrom, A. (2018). *Good Moaning France!: Officer Crabtree's Fronch Phrose Berk.* Waterside Press, Waterside Press.

143. Botana, F. (2022). Tammaro De Marinis, Vittorio Forti, and the Acquisition of Islamic Manuscripts for J. P. Morgan in Constantinople in 1913. *Manuscript Studies, 7*(2), 237-269.

144. Bouchardeau, H. (1998). *Agatha dans tous ses états*

145. Bouquet, P., & Voilley, P. (2000). *Droit et Littérature Dans le Contexte Suédois: Essai Sur la Littérature et le Droit*. Flies France SARL, Flies France SARL.

146. Bridgford, K. (1997). Snapshots. *The Massachusetts Review, 38*(2), 239-250.

147. Brown, S. (2020). "Scoring Off a Foreigner?" Xenophobia, Antisemitism, and Racism in the Works of Agatha Christie. *Clues, 38*(1), 70-80.

148. Brunsdale, M. M. (2010). *Icons of Mystery and Crime Detection: From Sleuths to Superheroes [2 Volumes]*. Bloomsbury Publishing USA, Bloomsbury Publishing USA.

149. Bubíková, Š., & Roebuck, O. (2024). Islands of Crime: The Island as a Setting in Crime Fiction. *Clues, 42*(1), 88-97.

150. Calhoun- French, D.,M. (2016). Agatha Christie's Secret Notebooks: Fifty Years of Mysteries in the Making/Agatha Christie: Murder in the Making-More Stories and Secrets from Her Notebooks. *Clues, 34*(1), 152-154.

151. Cantu, N. E. (1995). *Canícula: Snapshots of a Girlhood en la Frontera*

152. Carter, D., & Osborne, R. (2018). *Australian Books and Authors in the American Marketplace 1840s–1940s*. Sydney University Press, Sydney University Press.

153. Cheung, E. M. K., & Leung, P. (2012). *City at the End of Time: Poems by Leung Ping-Kwan*. Hong Kong University Press, Hong Kong University Press.

154. Collyer, J. (1996, Spring). A businessman disappears. *The Paris Review, 38*, 242.

155. Condé, M. (2003). *Histoire de la Femme Cannibale*

156. Cook, M. (2014). *Detective Fiction and the Ghost Story: The Haunted Text*. Palgrave Macmillan Limited, Palgrave Macmillan Limited.

157. Corpi, L. (1992). *Eulogy for a Brown Angel*

158. Corral, W. H. (2006). Doctor Pasavento. *World Literature Today, 80*(3), 71-72.

159. Coward, N. (1999). *South Sea Bubble*

160. Cox, D. R. (2020). Charles Dickens's Last Case: Edwin Drood and the Curious Incident of the Unasked Question. *The Dickensian, 116*(511), 188. Cox, J. (2012). INTRODUC-

TION: BLURRING BOUNDARIES: THE FICTION OF M.E. BRADDON. *DQR Studies in Literature, 50*, 1-15, 267-268.

161. Cox, R. (2018). The Mystery of Edwin Drood: Charles Dickens' Unfinished Novel and Our Endless Attempts to End It. *The Dickensian, 114*(506), 297.

162. Dalby, R. (1994). *The life and works of Agatha Christie*

163. Danebrock, F. (2023). *On Making Fiction: Frankenstein and the Life of Stories*. transcript Verlag, transcript Verlag.

164. Daniels, A. (2018). How Not To Be a Doctor and Other Essays. *The New Criterion, 37*(1), 65-67.

165. Daniels, A. (2020). Killing time with Agatha Christie. *The New Criterion, 39*(3), 34-37.

166. Davis, A. (2024). "A Modernist Lampstand": Noir and the Avant-garde in William Faulkner's Sanctuary. *Clues, 42*(1), 25-35.

167. Davis, J. M. (2014). Another Grand Master for Oklahoma. *World Literature Today, 88*(3), 9-11.

168. Davis, J. M. (2009). IF IT'S TUESDAY, THERE MUST BE A MURDER IN BELGIUM. *World*

Literature Today, 83(4), 9-11.

169. Davis, J. M. (2016). Kiwi Crime Writing: A Rich Tradition from a Distant Sea. *World Literature Today, 90*(1), 16-18.

170. Davis, J. M. (2015). Playing by the Rules. *World Literature Today, 89*(3), 28-30. Davis, J. M. (2023). The Enigma of Room 622. *World Literature Today, 97*(2), 80-81.

171. Davis, J. M. (2014). What She Laughingly Calls Her Career. *World Literature Today, 88*(1), 9-11.

172. D'Cruze, S. (2006). 'The damned place was haunted': The Gothic, Middlebrow Culture and Inter-War 'Notable Trials'. *Literature & History, 15*(1), 37-58.

173. De Forest, J. W. (1867). *Miss Ravenel's Conversion from Secession to Loyalty*

174. De Forest, J. W. (1875). *Playing the Mischief: A Novel*

175. de Rooy, R. (2017). Divine Comics. *European Comic Art, 10*(1), 94-109. https://doi.org/10.3167/eca.2017.100108

176. DeCoste, D. M. (2013). "(AND YOU GET FAR TOO MUCH PUBLICITY ALREADY

WHOEVER YOU ARE)"1: Gossip, Celebrity, and Modernist Authorship in Evelyn Waugh's Vile Bodies. *Papers on Language and Literature, 49*(1), 3-36.

177. Demastes, W. (2012). *The Cambridge Introduction to Tom Stoppard*. Cambridge University Press, Cambridge University Press.

178. Deutsch, A. R. P. (2024). Agatha Christie and the Guilty Pleasure of Poison. *Clues, 42*(1), 115-117.

179. DiGianvittorio, L., & Saunders, J. P. (2005). Janey Archer's Myopia and The Age of Innocence: [1]. *Edith Wharton Review, 21*(1), 15-18.

180. Dion, R., & Fortier, F. (2010). *Écrire l'écrivain: Formes contemporaines de la vie d'auteur*. Les Presses de l'Université de Montréal.

181. Doyle, A. C. (1993). In Green R. L. (Ed.), *Return of Sherlock Holmes*. Oxford University Press, Oxford University Press.

182. du Bearn, R. (1996, Summer). Clerihews for the Clerisy III. *The American Scholar, 65*, 356.

183. Duguid, L. (2007). *Anti-novelist?*

184. Durham, C. A. (2003). Modernism and mystery: The curious case of the Lost Generation. *Twenti-*

eth Century Literature, Suppl.Special Issue: American Writers and France, 49(1), 82-102.

185. Eckert, K. (2021). Hercule Poirot and the Tricky Performers of Stereotypes in Agatha Christie's Murder on the Orient Express. *Text Matters,* (11), 186-203. https://doi.org/10.18778/2083-2931.11.13

186. Edmond, M. (2014). *Then It Was Now Again: Selected Critical Writing*. Atuanui Press, Atuanui Press.

187. Edwards, O. D. (2012). "THE HERO AS HISTORIAN": PIETER GEYL AND THE CONDITION OF CARLYLE AFTER HITLER. *Studies in the Literary Imagination, 45*(1), 167-185.

188. Erickson, R. (2023). Mabel Seeley's Intermodernist Crime Fiction. *The Space between, 19*, 1.

189. Evans, M. A. (2023). Reading Crime Fiction, Writing Crime Fiction, and Overcoming the Tyranny of the Calendar. *Clues, 41*(2), 101-103.

190. Ewers, C. (2016). Genre in Transit: Agatha Christie, Trains, and the Whodunit. *Journal of Narrative Theory : JNT, 46*(1), 97-120,149.

191. Farmer, L. (2006). Christmas Eve. *Iowa Review, 35*(3), 130-136,178.

192. Farrington, A. (2008). Railway Killers. *Indiana Review, 30*(2), 5-21,148.

193. Fink, B. (2010). *The Psychoanalytic Adventures of Inspector Canal*. Karnac Books.

194. Fowler, G. (2009). GAME'S END. *Sewanee Review, 117*(3), 378-393,R70.

195. Fox, K. (2019). *True Biographies of Nations: The Cultural Journeys of Dictionaries of National Biography*. ANU Press, ANU Press.

196. Franks, R. (2016). Agatha Christie at Home. *Clues, 34*(1), 154-155.

197. Freeman, C.,Jr. (2006). THE EDUCATION OF HENRY ADAMS. *Michigan Quarterly Review, 45*(3), 441-453,419.

198. Frelick, N. (2020). Gender, Transference, and the Reception of Early Modern Women: The Case of Louise Labé. *Esprit Créateur, 60*(1), 9-22. https://doi.org/10.1353/esp.2020.0003

199. Geczy, A., & McBurnie, J. (2023). *Litcomix: Literary Theory and the Graphic Novel*. Rutgers University Press, Rutgers University Press.

200. Gillis, S. (2016). British Writers and the Approach of World War II. *Modernism/Modernity, 23*(2), 482-484.

201. Gillis, S. (2007). Detective Fiction. *Victorian Studies, 49*(2), 382-384.

202. Gilman, R. (2005). *The Drama Is Coming Now: The Theater Criticism of Richard Gilman, 1961-1991*. Yale University Press, Yale University Press.

203. Glenstone, S. (2005). THE STRUGGLES OF SHRIMP AND SQUIRREL. *The Massachusetts Review, 46*(2), 241-242,342.

204. Griffin, M. (2024). Of Gaines and Genre: Plotting the Racial Borders in Southern Louisiana. *The Mississippi Quarterly, 76*(2), 193-213. https://doi.org/10.1353/mss.2024.a928864

205. Gulddal, J., & Rolls, A. (2015). Mobile Criticism: Pierre Bayard's Irreverent Hermeneutics. *Australian Journal of French Studies, 52*(1), 37-52. https://doi.org/10.3828/AJFS.2015.03

206. Harmon, L. (2021). Agatha Christie's Poirot novels as fairy tales: Two case studies. *Literator, 42*(1)https://doi.org/10.4102/lit.v42i1.1756

207. Harrison, R. L. (2023). Eudora Welty and Mystery: Hidden in Plain Sight. *Legacy, 40*(1), 289-292.

208. Hart, P. (1997). Historias de mujeres. *World Literature Today, 71*(4), 764-765.

209. Haskins, J. (2016). Fairweather Gods. *Iowa Review, 46*(1), 35-48,198-199.

210. Haslam, R. (2014). The Hermeneutic Hazards of Hibernicizing Oscar Wilde's The Picture of Dorian Gray. *English Literature in Transition, 1880-1920, 57*(1), 37-58.

211. Hassler, D. M. (2013). Generation and Energy. *Extrapolation., 54*(1), 112-114.

212. Hay, C. (2021). THE GUTHRIE REPORT AND ITS DISCONTENTS. *Australasian Drama Studies,* (78), 110-139,277.

213. Hellwig, H. (2023). *American Film Noir Genres, Characters, and Settings*. Lexington Books/Fortress Academic, Lexington Books/Fortress Academic.

214. Henderson, H. (2024). Gender Roles and Political Contexts in Cold War Spy Fiction. *Clues, 42*(1), 112-114.

215. Highway, T. (2015). *A Tale of Monstrous Extravagance: Imagining Multilingualism*. University of Alberta Press, University of Alberta Press.

216. Hinton, B., & Bell, J. (1989). *vii. Library Mystery*. Enitharmon Editions Limited.

217. Hoffman, M. (2016). *Gender and Representation in British 'Golden Age' Crime Fiction*. Palgrave Macmillan Limited, Palgrave Macmillan Limited.

218. Holly, G. J. (2005). Good Girl. *The Southern Review, 41*(3), 582-VII.

219. Holt, E. (2016). Amsterdam. *The Virginia Quarterly Review, 92*(4), 104-110,8.

220. İlmek, S. T. (2020). Readers' voices for "complete retranslations": A case study of Agatha Christie's murder mysteries in Turkish. *Agathos, 11*(2), 161-175.

221. Irimia, A. (2023). *Figures of Radical Absence: Blanks and Voids in Theory, Literature, and the Arts*. Walter de Gruyter GmbH, Walter de Gruyter GmbH.

222. Iroh, E. (1979). *Toads of War*. Heinemann.

223. J, M. D. (2007). PORTRAIT OF AN ARTIST IN A "SMALL" LANGUAGE. *World Litera-

ture Today, 81(5), 6-7,5.

224. James Loe-Mie, F. (2002). *Voile de Misère sur les Filles de Cham: Roman*. Editions Orphie.

225. Johnson, G. M. (2008). Apparition of a Genre: The Psychical Case Study in the Pre-Modernist British Short Story. *Studies in the Fantastic,* (1), 3-17,126.

226. Jones, K. (2021). Almost Shakespeare – But Not Quite. *Critical Survey, 33*(2), 43-50. https://doi.org/10.3167/cs.2021.330205

227. Jones, M. (1994). "So many varieties of murder": Detection and biography in Coming through Slaughter. *Essays on Canadian Writing,* (53), 11-26.

228. Jones, M. (2023). Introduction: Detective Fiction and Borders. *Clues, 41*(1), 5-12.

229. Justice, J. R. (2009). THE SMELL OF ASHES. *Sewanee Review, 117*(3), 394-409,R70.

230. Kampa, S. (2011). *Cracks in the Invisible: Poems*. Ohio University Press, Ohio University Press.

231. Kanodia, A. (2023). Authorship and Adaptation: Study of the authors of Little Women. *Contemporary Literary Review India, 10*(1), 1-20.

232. Karhulahti, V. (2015). An Ontological Theory of Narrative Works: Storygame as Postclassical Literature. *Storyworlds, 7*(1), 39-73,130.

233. Kaul, C. (2014). Book Review: India in Britain: South Asian Networks and Connections, 1858-1950. Susheila Nasta (ed.). Palgrave, 2013. *Literature & History, 23*(2), 98-100.

234. Kawana, S. (2010). A Narrative Game of Cat and Mouse: Parody, Deception, and Fictional Whodunit in Natsume Soseki's Wagahai wa neko dearu. *Journal of Modern Literature, 33*(4), 1-20,199.

235. Kean, M. H. (2024). Beyond "Whodunnit". *The Baker Street Journal, Suppl.2024 Christmas Annual,* , 53-56.

236. Khalid, F. (2020). Good, Brave Causes: British Fiction of the 1950s. *Journal of Modern Literature, 44*(1), 191-196. https://doi.org/10.2979/jmodelite.44.1.13

237. Khedairi, B. (2009). Absent. *Southwest Review, 94*(1), 46-65,117.

238. Kiefer, J. (2008). Anatomy of a Janeite: Results from The Jane Austen Survey 2008. *Persuasions: The Jane Austen Journal on-Line, 29*(1)

239. King, S. (2018). E Pluribus Unum: A Transnational Reading of Agatha Christie's Murder on the Orient Express. *Clues, 36*(1), 9-19.

240. King, S. (2022). Rethinking Raymond Chandler's "The Simple Art of Murder" (1944/1946). *Clues, 40*(2), 9-17.

241. Kinsman, M. (2004). Introduction. *Clues, 23*(1), 4-7.

242. Kipen, D. (2013). Tinker Tailor Soldier Schreiber. *The Virginia Quarterly Review, 89*(1), 224-231,9.

243. Kitaiskaia, T. (2023). Engelond. *The Virginia Quarterly Review, 99*(3), 86.

244. Knepper, M. S. (2022). Agatha Christie and Hercule Poirot: The Greatest Mystery Writer and the Greatest Fictional Detective of All Time? *Clues, 40*(2), 127-130.

245. Knepper, M. S. (2008). Agatha Christie: Investigating Femininity. *Clues, 26*(3), 86-87.

246. Knepper, M. S. (2005). The Curtain Falls: Agatha Christie's Last Novels. *Clues, 23*(4), 69-84.

247. Köseoğlu, B. (2015). Gender and Detective Literature: The Role of Miss Marple in Agatha

Christie's The Body in the Library. *International Journal of Applied Linguistics & English Literature, 4*(3), 132-137. https://doi.org/10.7575/aiac.ijalel.v.4n.3p.132

248. Kraut, G. L. (2009). Simma Klepper Is Dead. *New England Review, 30*(2), 160-175,205.

249. Krishna, P. (2015). Efficient Breaches: A Romance. *The Virginia Quarterly Review, 91*(4), 126-135,8.

250. Krishnan, L. (2023, Spring). Brain or Appendix: Doctors, Detectives, and Diagnosis. *The Baker Street Journal, 73*, 7-17,76.

251. Lachman, M. (2019). *The Heirs of Anthony Boucher: A History of Mystery Fandom*. Sourcebooks, Incorporated, Sourcebooks, Incorporated.

252. Larson, K. A., & Paul, S. (2022). CURRENT BIBLIOGRAPHY. *The Hemingway Review, 42*(1), 118-130.

253. Laurence, J. (2016). Look to the Ladies. *World Literature Today, 90*(6), 22-24.

254. Levi, J. (2020). Ohaka Mairi. *Sewanee Review, 128*(3), 491-509. https://doi.org/10.1353/sew.2

020.0035

255. Lyons, M. (2021). *The Typewriter Century: A Cultural History of Writing Practices*. University of Toronto Press, University of Toronto Press.

256. Martin, S. (2018). Psychogeography and the Detective: Re- evaluating the Significance of Space in Agatha Christie's A Murder Is Announced. *Clues, 36*(1), 20-29.

257. Mathur, M. (1990). General studies -- British Mystery Writers, 1920-1939 (Dictionary of Literary Biography, Volume 77) edited by Bernard Benstock and Thomas F. Staley. *Journal of Modern Literature, 17*(2-3), 192.

258. McAteer, C. (2020). *Translating Great Russian Literature: The Penguin Russian Classics*. Taylor & Francis Group, Taylor & Francis Group.

259. McCaffery, S. (2002). The Murder of Agatha Christie: a true story. *Seven Pages Missing: Volume II: Previously Uncollected Texts: 1968–2000, Toronto* (pp. 215-219)

260. McCaw, N. (2011). *Adapting Detective Fiction: Crime, Englishness and the TV Detectives*. Bloomsbury Publishing Plc, Bloomsbury Publishing Plc.

261. Mezei, K. (2007). Spinsters, Surveillance, and Speech: The Case of Miss Marple, Miss Mole, and Miss Jekyll. *Journal of Modern Literature, 30*(2), 103-120.

262. Mills, R. (2019). "I Always Did Hate Watering- Places": Tourism and Carnival in Agatha Christie's and Dorothy L. Sayers's Seaside Novels. *Clues, 37*(2), 83-93. Mirabile, M. (2010). British Literature of the Blitz: Fighting the People's War. *Modern Fiction Studies, 56*(3), 645-647.

263. Mizejewski, L. (2004). *Hardboiled and High Heeled: The Woman Detective in Popular Culture*. Taylor & Francis Group, Taylor & Francis Group.

264. Morgan, J. (1984). *Agatha Christie: a biography*.

265. Niemi, L. (2012). *The New Book of Plots: Constructing Engaging Narratives for Oral and Written Storytelling*. Parkhurst Brothers, Incorporated, Publishers, Parkhurst Brothers, Incorporated, Publishers.

266. Northrup, T. (2015). Immoderate Families. *Canadian Literature*, (226), 156-157,170.

267. Ofri, D. (2005). Maladies, Remedies, and Anthologies: Medicine Taken At Its Word. *Parnas-*

sus : Poetry in Review, 28, 235-253,456.

268. Oh, J. (2024). Grandma Detectives in Korea: Older Women Against the Crime of the "Silver Market". *Clues, 42*(2), 70-84.

269. Omotoso, K. (1971). *The Edifice*. Heinemann.

270. O'Neill, H. (2018). *Wisdom in Nonsense: Invaluable Lessons from My Father*. University of Alberta Press, University of Alberta Press.

271. Pamboukian, S. (2017). Old Holmes: Sherlock, Testosterone, and "The Creeping Man". *Clues, 35*(1), 19-28.

272. Pamboukian, S. A. (2024). Witches and Pharmacists in Agatha Christie's The Pale Horse. *Clues, 42*(1), 75-87.

273. Pastan, L. (1975). AFTER AGATHA CHRISTIE. *Aspects Of Eve, New York* (pp. 43)

274. Pastan, L. (1982). After Agatha Christie. *Pm/Am: New and Selected Poems, New York* (pp. 54-55)

275. Pastan, L. (1998). After Agatha Christie. *Carnival Evening, London* (pp. 80-81)

276. Percec, D., & Pungă, L. (2019). THEY DO IT WITH NURSERY RHYMES. THE MYSTERY

OF INTERTEXTUALITY IN AGATHA CHRISTIE'S DETECTIVE FICTION FROM A LITERARY CRITIC'S AND A TRANSLATOR'S PERSPECTIVE. *British and American Studies, 25*, 247-256,282.

277. Perry, C. (2006). Book Review: Womens' Writing, 1945-1960: After the Deluge. Edited by Jane Dowson. Palgrave, 2003. *Literature & History, 15*(1), 89-91.

278. Peters, A. (2005). A TRAVELER IN RESIDENCE: MAEVE BRENNAN AND THE LAST DAYS OF NEW YORK. *Women's Studies Quarterly, 33*(3), 66-89.

279. Petrie, G. (2000, Winter). Soldiers. *Confrontation, 70/71*, 190–203.

280. Plock, V. M. (2012). Sartorial Connections: Fashion, Clothes, and Character in Elizabeth Bowen's To the North. *Modernism/Modernity, 19*(2), 287-302.

281. Rolens, C. (2024). Latin American Detectives Against Power: Individualism, the State, and Failure in Crime Fiction. *Clues, 42*(1), 114-115.

282. Rousseau, M. C. (1981). SIR THOMAS MORE : UNE ÉNIGME RÉSOLUE ? *Moreana, 18*(71),

155-165.

283. Rowland, S. (2009). The Adventures of Margery Allingham. *Clues, 27*(2), 111-113.

284. S.J., P. B. E. (2010). Detective and Priest: The Paradoxes of Simenon's Maigret. *Christianity & Literature, 59*(3), 453-477.

285. Sandberg, E. (2019). "The Body in the Bath": Dorothy L. Sayers's Whose Body? and Embodied Detective Fiction. *Journal of Modern Literature, Suppl.Special Issue: Varieties of Embodiment: Whose Body?, 42*(2), 1-20. https://doi.org/10.2979/jmodelite.42.2.01

286. Sandwith, C. (2018). The Appearance of the Book: Towards a History of the Reading Lives and Worlds of Black South African Readers. *English in Africa, 45*(1), 11. https://doi.org/10.4314/eia.v45i1.1

287. Schaffer, R. (2024). Animals in Detective Fiction. *Clues, 42*(2), 154-156.

288. Schaffer, R. (2023). Sleuthing Miss Marple: Gender, Genre, and Agency in Agatha Christie's Crime Fiction. *Clues, 41*(1), 140-142.

289. Schall, J. V. (2000). *Schall on Chesterton: Timely*

Essays on Timeless Paradoxes. Catholic University of America Press, Catholic University of America Press.

290. Schulte, E. (2010). A Space Between the Rows. *New England Review, 31*(1), 108-120,195.

291. Simmons, L. K. (2015). The Artist and the Trinity: Dorothy L. Sayers' Theology of Work by Christine M. Fletcher (review). *Christianity & Literature, 64*(3), 334-337.

292. Simon, N. (1991). *Biloxi Blues (The Brighton Beach Trilogy)*. Random House (UK).

293. Sirvent, M. (1997). READER-INVESTIGATORS IN THE POST-NOUVEAU ROMAN: LAHOUGUE, PEETERS, AND PEREC. *Romanic Review, 88*(2), 315-335.

294. Stewart, V. (2009). Spiritualism, Detective Fiction, and the Aftermath of War. *Clues, 27*(2), 75-84.

295. Strout, C. (2013). SHERLOCK EVERYWHERE. *Sewanee Review, 121*(3), 4-LI,LII,LIII,LXVII.

296. Strout, C. (2009). THE CASE OF THE MISSING NOVELIST: AMNESIA OR CONSPIR-

ACY? *Sewanee Review, 117*(1), R15-R18.

297. Strout, C. (2007). THROUGH THE LOOKING GLASS AND BACK WITH AGATHA CHRISTIE. *Sewanee Review, 115*(1), 141-145, R24.

298. Suarez, V. (1995). *Havana Thursdays*

299. Subramanian, S. (2020). Jeeves Resumes Charge (A Contribution to the Literature on Reading Nietzsche). *Philosophy and Literature, 44*(2), 495-500.

300. Sutherland, J. (2012). *Lives of the Novelists: A History of Fiction in 294 Lives*. Yale University Press, Yale University Press.

301. Teel, J. (2016). The Grand Tour: Around the World with the Queen of Mystery. *Clues, 34*(1), 157-158.

302. Thompson, L. (2007). *Agatha Christie: an English mystery*. Headline.

303. Tusquets, E. (2014). Always the Sea. *New England Review, 35*(1), 133-134, 198.

304. Updike, J. (1993). Agatha Christie and Beatrix Potter. *Collected Poems: 1953–1993, New York* (pp. 308-309)

305. Valerie, W. W. (2023). Edgar and Me. *Poe Studies, 56*, 19-23.

306. Vanwesenbeeck, I. (2024). Icelandic Stories: A Conversation with Katrín Jakobsdóttir & Ragnar Jónasson. *World Literature Today, 98*(1), 19-23.

307. Vervel, M. (2022). "Mystery" Beyond Reason: Mr. Quin, A Revealer of the Powers of Fiction According to Agatha Christie? *Clues, 40*(2), 39-48.

308. Vujin, B., & Veselinovié, S. (2024). Sleuthing from the Margins: Agatha Christie's Marple and Poirot as the Detecting Other. [Zasledovanje 7 obrobja: Marple in Poirot Agathe Christie kot zasledujoci Drugi] *Primerjalna Knjizevnost, 47*(3), 101-119.

309. W, R. G. (1998). Supralegal justice: Are real juries acting like fictional detectives? *Journal of American Culture, 21*(1), 1-5.

310. Wainwright, L. (2008). Solving Caribbean Mysteries: Art, Embodiment and an Eye for the Tropics. *Small Axe, 12*(1), 133-144.

311. Warodell, J. A. (2016). The Writer at Work: Hand-Drawn Maps in Conrad's Manuscripts. *Conradiana, 48*(1), 25-45.

312. Webster, K. (2012). *Grand and Arsenal*. University of Iowa Press, University of Iowa Press.

313. Weissman, K. B. (2018). The Cliff. *Southwest Review, 103*(1), 76.

314. Wheeler, D. (2012). *Golden Age Drama in Contemporary Spain: The Comedia on Page, Stage and Screen*. Gwasg Prifysgol Cymru / University of Wales Press, Gwasg Prifysgol Cymru / University of Wales Press.

315. Whitney, S. E. (2011). A Hidden Body in the Library: Mary Westmacott, Agatha Christie, and Emotional Violence. *Clues, 29*(1), 37-50.

316. Wilkinson, E. (2009). A Murder Most Mysterious. *The Virginia Quarterly Review, 85*(1), 231-IX.

317. Williams, R. (2011). Liminality in Fantastic Fiction: A Poststructuralist Approach. *Foundation, 40*(113), 84-89.

318. Williams, T. (2007). Branch Lines. *The Dickensian, 103*(473), 269-272.

319. Witheford, H. (1994). *Fatality in the Canaries*. Faber & Faber.

320. Wood, M. (2024, Nov). Death of an Intelli-

gence: Analog. *Analog Science Fiction & Fact, 144*, 78-87.

321. Woon, W. C. M. (2002). *The Advocate's Devil*

322. Yiannitsaros, C. (2017). "Tea and scandal at four-thirty": Fantasies of Englishness and Agatha Christie's Fiction of the 1930s and 1940s. *Clues, 35*(2), 78-88.

323. Yiannitsaros, C. (2021). Delicious Death: Criminal Cake in and Beyond Agatha Christie's A Murder Is Announced. *Clues, 39*(2), 107-117.

324. York, R. A. (2007). *Agatha Christie: Power and Illusion*. Palgrave Macmillan Limited, Palgrave Macmillan Limited.

325. Yup, P. (2015, Fall). Martine the West Nile Virus Specialist. *J Journal, 8*, 8-9,115.

326. Zsámba, R. (2017). Crime Fiction Reloaded. *HJEAS : Hungarian Journal of English and American Studies, 23*(1), 225-228,247.

www.ingramcontent.com/pod-product-compliance
Lightning Source LLC
Chambersburg PA
CBHW030110010526
44116CB00005B/181